suhrkamp taschenbuch 1971

Tania Blixen (sie veröffentlichte auch unter dem Namen Isak Dinesen) wurde 1885 in Dänemark geboren. Nach einem Kunststudium in Paris, Kopenhagen und Rom heiratete sie 1914 ihren Cousin Baron Bror Blixen-Finecke und zog im gleichen Jahr mit ihm auf dessen Kaffeefarm nach Kenia. Nach ihrer Scheidung 1921 führte sie noch zehn Jahre die Kaffeeplantage allein weiter, bis zu deren Zusammenbruch. Tania Blixen kehrte in ihre Heimat zurück und begann zu schreiben. Sie starb 1962. Unter anderem veröffentlichte sie: *Afrika, dunkle, lockende Welt*, Roman, und *Sieben phantastische Erzählungen*.

Erst 1977 hat man im Nachlaß von Karen (Tania) Blixen das Typoskript mit dem Essay »Moderne Ehe« entdeckt, die in den zwanziger Jahren verfaßte hoffnungsvolle Betrachtung über Moral, Ehe und Liebe. Ein Text, der eine neue Seite der Autorin ins Licht rückt, die forschende, die frauenfreundliche Seite. Die dänische Autorin Suzanne Brogger schrieb über »Moderne Ehe«: »Blixens verteufelter Essay ist wie ein Projektil, das nie abgefeuert und das auch nie zur Fiktion umgeformt wurde, sondern – merkwürdig genug – seine Sprengkraft behalten hat, unterminierend, beunruhigend. Wie ein Sturmwind fegt diese Schrift alle üblichen Vorurteile und Dogmen vom Tisch: über die Ehe, das geheiligte Heim, über Intimität und Stellung der Frau. Hier sehen wir die Blixen ausnahmsweise in der Rolle einer anderen Madame Lola, als revolutionäre Furie auf den Barrikaden.«

Tania Blixen
Moderne Ehe

*und andere
Betrachtungen*

Aus dem Dänischen
von Walter Boehlich

Mit einem Nachwort
von Hanns Grössel

Suhrkamp

Die Originalausgabe erschien 1981
unter dem Titel
Moderne ægteskab og andre betragtninger
im Verlag Gyldendal, Kopenhagen
Umschlagabbildung: Victor Brauner. Agression de l'objet.
1951. © VG Bild-Kunst, Bonn, 1992

suhrkamp taschenbuch 1971
Erste Auflage 1992
© Rungstedlundfonden 1981
© der deutschsprachigen Ausgabe
Suhrkamp Verlag Frankfurt am Main 1987
Suhrkamp Taschenbuch Verlag
Alle Rechte vorbehalten, insbesondere das
des öffentlichen Vortrags, der Übertragung
durch Rundfunk und Fernsehen
sowie der Übersetzung, auch einzelner Teile.
Druck: Ebner Ulm
Printed in Germany
Umschlag nach Entwürfen von
Willy Fleckhaus und Rolf Staudt

1 2 3 4 5 6 – 97 96 95 94 93 92

Moderne Ehe

I Über Ideal und Natur

Aus Darwins Wüste kam ich, jung noch, in Lamarcks grünende Gärten.
Was für Früchte die Bäume hier doch trugen! Alle, die die Menschheit in ihren köstlichsten Träumen gesehen hat: Schönheit, Wissen, ewige Jugend – ja, alles, was du willst.
Kannst du dir überhaupt eine neue Vollkommenheit vorstellen, kannst du einen neuen Wunsch formen und dir wirklich etwas wirklich Begehrenswertes denken – dann blicke empor! Es hängt schon an den grünen Zweigen.
Daß es ein wenig hoch hängt, ist nur ein Scherz, eine liebenswerte Fopperei, so wie wenn eine Mutter Naschwerk so hoch in den Weihnachtsbaum hängt, daß ihr kleines Kind sich bis zum äußersten strecken muß, um es zu erreichen.
Außerhalb der Reichweite ist bis jetzt nichts gewesen. Die einzige Frage, die sich stellt, ist: Worauf hast du Lust?
Die Spielregel ist immer die selbe: Was du wünscht, sollst du bekommen.
Die Kunst schafft einen neuen, fremdartigen, übernatürlichen Typus, entwickelt ihn aus dem unbewußten Sehnen des Menschen, und die nächste Generation wird mit diesem Aussehen geboren. Denn zwischen Ideal und Natur ist kein Wesensunterschied, sondern ein Gradunterschied.
Es ist eine Frage der Zeit, wann das Ideal den Namen wechseln und sich Natur nennen wird.
Wir haben unseren Schwanz weggewünscht – wenn wir ihn mit hinreichender Ausdauer zurückwünschen, werden wir eines Morgens mit ihm erwachen.
Wollt ihr in der Luft fliegen? Habt ihr wirklich Lust dazu, und sagt euch dieser Gedanke mehr als irgendein anderer

zu? Dann haltet ein paar tausend Jahre an eurem Wunsche fest, und es werden euch Flügel wachsen.

Viele Generationen haben von dem, was sie für ganz und gar unmöglich hielten, gesagt: Das ist so unmöglich wie Fliegen. – Ja, man sagt es immer noch, aber man fliegt. Wenn man etwas daraus lernen kann, dann dies: daß nichts unmöglicher ist als Fliegen.

Jetzt sagt man: Das ist so unmöglich, wie zum Monde zu fliegen. Aber daß wir nicht zum Monde fliegen können, kommt daher, daß wir keine Lust dazu haben, jedenfalls wird es im allgemeinen nicht brennend gewünscht. Die Geheimnisse des Universums werden den Erdbewohnern nicht mit besonderer Strenge vorenthalten, sie sind unbekannt, weil die Menschen noch keine sonderliche Lust haben, sie zu kennen.

Das ist wie mit den Geheimnissen jenseits des Grabes, sehr wenige wünschen wirklich, sie zu kennen.

Kommt also irgendein Konflikt der Menschheit daher, daß sie auf zu viele Dinge Lust hat und Wünsche hat, die einander widerstreiten?

Die Giraffen hatten Lust darauf, die frischen Wipfelsprosse an den Bäumen zu essen, und sie reckten ihren Hals viele tausend Jahre danach, bevor ihr Wunsch vollkommen in Erfüllung ging. Aber damit scheint das Streben der Giraffen zufriedengestellt worden zu sein, und die nächsten tausend Jahre bewirkten keine wesentliche Veränderung in ihrer Natur.

Die komplizierten Menschen haben viele Wünsche und verändern ihren Geschmack von Generation zu Generation.

Können sie also riskieren, sich bei so unterschiedlichem Bestreben den Hals zu brechen oder sich den Kopf verdrehen zu lassen?

Selbst wenn es einen Klügeren braucht, darauf zu antworten, so kann man auf jeden Fall sagen, daß es in vielen Fällen so aussieht, ohne sich so zu verhalten, denn wir trinken als kleine Kinder aus dem selben Grunde und mit dem selben Ergebnis Milch, wie wir später ein gebratenes Huhn essen, und wir kleiden uns im Winter in Wolle und im Sommer in Musselin, um die selbe Temperatur zu erreichen.
Das Pendel schlägt nicht zurück und ändert die Richtung, weil seine Richtung für falsch befunden worden ist, sondern die Uhr geht, weil das Pendel sich hin und zurück bewegt.
Die Kunst entwickelt sich durch wilde Romantik weiter durch wild nüchternen Naturalismus. Sie ist in ihrem Bestreben nicht umgeschlagen, sie hat unablässig versucht, Ausdruck des Sehnens der Menschheit zu sein. Der, der ein römisches Bad nimmt, ändert nicht seine Meinung, weil er erst so warmes Wasser wählt, wie er überhaupt aushalten kann, und mit dem allerkältesten aufhört; das selbe Ergebnis von Wohlbefinden und Kräftigung wäre auch nicht erreicht worden, wenn er gleich bei Betreten des Bades alle Wärmegrade von Wasser in ein gemeinsames Bassin eingelassen hätte.
Bisweilen erweckt die selbe Sache auch in unterschiedlicher Beleuchtung einen ganz unterschiedlichen Eindruck.
Bei bestimmten Somalistämmen kann kein junger Mann heiraten, bevor er einen Mann getötet hat. Das muß nicht eigentlich bedeuten, daß diese Stämme besonders blutdürstig sind, sondern kann genauso gut bedeuten, daß die Verhältnisse dort so kriegerisch sind, daß ein junger Mann, der nicht als Zwanzigjähriger wenigstens ein Mal auf Leben und Tod gekämpft hat, eine Memme sein muß, deren Nachwuchs der Stamm sich nicht wünschen kann.

Ebenso verhält es sich mit der Entwicklung des europäischen Ideals der jungfräulichen Unschuld, das außer Kurs gesetzt ist, weil die Verhältnisse sich verändert haben.
In alten Zeiten, als die Frauen der höheren Klassen von vielfachen moralischen Mauern umgeben waren, mußte es aussehen, als ob das junge Mädchen, das die Möglichkeit sah, sich auf ein Liebesverhältnis einzulassen, ja, sich überhaupt eingehender mit der Liebe zu beschäftigen, »le diable au corps« hätte, und ein verständiger Mann konnte schon seine Bedenken gegen eine Ehe haben. – Im zwanzigsten Jahrhundert ist es ebenso einleuchtend, daß das junge Mädchen, das in der modernen Atmosphäre von Freiheit und Erotik das fünfundzwanzigste Jahr überschritten hat, ohne daß es wenigstens ein Mal geglaubt hat zu lieben, im gemeinen Bewußtsein entweder als besonders tot oder als besonders berechnend gelten und seinem Zukünftigen Anlaß zu ganz anderen Bedenken geben muß.
Mitunter verändert sich ja auch die Bedeutung einzelner Wörter auf Grund von Umständen ... so wenn es der größte Stolz eines englischen Soldaten ist, einer der »contemptibles« gewesen zu sein.

II Über Zweifel und Kampf

In der ganzen Geschichte der Menschheit ist kein Ideal aufgegeben worden, weil zu große Schwierigkeiten mit ihm verbunden waren, sondern alte Ideale sind verworfen worden, weil sie ihren Glanz verloren und keiner mehr Lust auf sie hatte oder sich wirklich von ihnen angesprochen fühlte.

Es gibt keine Anstrengung, Gefahr oder Qual, die die Menschheit dauerhaft auf ihrem Wege zum Erreichen eines Ideals aufhalten kann, aber die Stunde des Ideals hat geschlagen, wenn allgemein gefragt wird: *wozu soll das gut sein*?

Wenn es heutzutage keine Menschen gibt, die sich um des Paradieses willen verbrennen oder aus der Gesellschaft ausstoßen lassen, dann nicht deswegen, weil wir mit unseren verfeinerten Nerven den Scheiterhaufen oder die Armut oder die Verstoßung mehr fürchten, als die Alten taten, auch nicht, weil wir daran zweifeln, daß unsere Qualen uns ins Paradies bringen werden – denn ein solcher Glaube könnte jedenfalls zu jedem beliebigen Zeitpunkt leichtlich entstehen –, sondern weil das Paradies, das uns in Verbindung mit diesen Qualen versprochen wird, uns nicht zusagt. Wir haben keine Lust darauf und wollten überhaupt nicht hineingelangen, selbst wenn der Zutritt frei wäre.

Da hingegen im Volke der Glaube mächtig wurde, daß die Seligkeit in Automobilen, einem guten Weinkeller usw. zu finden sei, fand sich der größte Teil der Menschheit bereit, jahrelang in Kontoren, Fabriken und Börsen schreckliche Qualen zu ertragen, in der Hoffnung, am Ende diese Seligkeit zu erlangen. Vielleicht würden in diesem Augenblick 50% der zivilisierten Menschheit sich damit abfinden, alle Qualen der ersten Christen zu erdulden, wenn sie wüßten, daß sie auf der anderen Seite mit einem jährlichen Auskommen von 50.000 £ für den Rest ihres Lebens erscheinen würden, ... und es gibt für sie ja keinen Grund, Neros Opfern, auf die eine ewige Seligkeit wartete, ihre Charakterstärke zu mißgönnen.

Manche Frauen ertragen Qualen, die einer täglichen Schinderei gleichkommen, um nicht etwa ihre Jugend, sondern den Schein davon zu bewahren, und würden was auch immer erdulden, um wirklich die Jugend, die für sie das Paradies war, zurückzubekommen.

Es ist stets die Idee des Paradieses, auf die es ankommt, und wenn eine hinreichend ansprechende Illusion erschaffen werden kann, folgt die Wirklichkeit von selbst. Das gilt für alle Unternehmungen wie für die Errichtung der Peterskirche, daß sie erst in Gang kommen, wenn sie auf die eine oder andere Weise zu einer Angelegenheit der Seligkeit werden.

(Jetzt steht die Peterskirche da, und wir, die wir daran zweifeln, daß die Seelen damals für ihren Beitrag dazu erlöst worden sind, müssen uns doch darüber freuen, daß das ganze Unternehmen in Gang gekommen ist.)

Es ist unrichtig, zu sagen, u. a. in Verbindung mit der Rolle der Liebe im Leben, daß dieses oder jenes Ideal zu erhaben sei, selbst wenn es an sich begehrenswert wäre. Es hat sich stets gezeigt, daß kein Ideal zu erhaben war. Als es zu Beginn des neunzehnten Jahrhunderts die Ideale der Romantik waren, die selig machten, war es die einfachste Sache der Welt für die jungen Liebenden, das ganze Leben zu warten, vor Kummer zu sterben, das Leben auf die Erinnerung an eine Jugendliebe zu gründen, in Tränen auszubrechen, bei einem Wiedersehen ohnmächtig zu werden.

Das alles würde den jungen Menschen unserer Zeit, die

keine Lust dazu haben, die fragen, wozu das gut sein soll, vorkommen wie schwierige, wenn nicht unmögliche Aufgaben. Aber nicht weniger schwierig würden die Dinge, die der Jugend heutzutage leicht ausführbar erscheinen, Werther und Lotte vorgekommen sein, z. B. ganz ruhig ein Verhältnis, das Jahre gedauert hat, oder ohne sonderliches Trara eine Ehe oder eine Familie um einer Unstimmigkeit willen aufzulösen.

Als Nora sich zuerst darauf einließ, weil es für sie eine Angelegenheit der Seligkeit war, wurde von allen Seiten eingewandt, daß das viel zu leicht schien und daß das ganze Problem beinahe unmöglich war, aber jetzt geschieht das jeden Tag und wird von niemandem mehr als ein besonderer »tour de force« angesehen.

Wollt ihr Sigurd und Brünhilde, Romeo und Julia sein? ... Wenn ihr wirklich Lust darauf habt, werdet ihr es werden.

Wollt ihr Klister und Malle sein, sagt euch das in eurem Herzen mehr zu? ... Ihr seid es schon.

Ist, »la garçonne« zu sein, euer wirkliches Ideal? Ihr seid es ja schon lange gewesen.

Ein Ideal wie eheliche Treue oder vollkommene Keuschheit hat sich als leicht zu verwirklichen erwiesen, als es noch in ein so oder so beschaffenes Paradies führte, und würde noch heute verwirklicht werden können, wenn nicht gefragt würde: *wozu soll das gut sein?*

Die Dichter späterer Zeiten, die sich des langen und breiten mit den Qualen junger Mönche unter dem Ideal der vollkommenen Keuschheit beschäftigt haben, deuten ihre eigenen Gefühle, wenn sie den jungen Mönch denken lassen, daß er mit seiner Geliebten lieber Räuber in den Bergen als Klosterbruder wäre, oder sie denken an eine Zeit, in der das Ideal seinen Glanz verloren hatte. Es war für die ursprüngli-

chen Franziskaner, deren Herzen in Treue, in Liebe zu der heiligen Jungfrau und Sehnsucht nach dem Paradies brannten, nicht schwerer, in Armut und Keuschheit zu leben, als es für Carpentier ist, sich während eines Trainings für einen Kampf gegen Dempsey in Kondition zu halten. Künftige Zeiten, die den Sinn für das Boxen verloren haben, werden auf die gleiche Weise in Vers und in Prosa Mitleid mit den Qualen der Boxer im zwanzigsten Jahrhundert wecken.
Es wird gesagt, daß in der Frage der Liebe und des Glaubens der persönliche Wille zu kurz komme, aber die Wahrheit ist, daß er sich nirgends stärker zeigt.
Ich will ein Beispiel, das den Glauben betrifft, aus Martensen-Larsens Buch »Zweifel und Glauben« nehmen.
Da wird beschrieben, wie ein moderner Mensch mit sehr starker Lust und Willen, zu glauben, den Glauben an die Versöhnung durch Christi Tod in Übereinstimmung mit der modernen Wissenschaft und Moral zu bringen versucht.
Für den außenstehenden Leser ist das wirklich ein spannender Kampf, denn die Aufgabe scheint zunächst unmöglich, und doch ist deutlich, daß der, der das schreibt, seinen ganzen Seelenfrieden eingesetzt hat. Das ist, wie wenn man den »looping of the loop« versucht sieht, und der, der das vorher nie gesehen hat, glaubt nicht daran, daß sich das machen läßt, ... der einzige Grund dafür, die einzige Hoffnung darauf sind des Versuchenden brennende Lust und Wille, daß es gehen muß.
Und seht nun! ... dadurch, und ausschließlich dadurch, glückt es wirklich. Man liest, wie der Autor beständig weitermacht, obgleich ihm ein Versuch nach dem andern mißglückt. Schließlich hat eine Zeile im Neuen Testament, ein Wort von Christus – das selbstverständlich jedes beliebige

andere Wort sein könnte – die wunderbare Wirkung: der Versuch glückt, er glaubt.

Der Autor sieht das so klar, daß er, ohne sich selbst alles zuzuschreiben, sich doch schließlich, seinen Erfolg bedenkend, den schwächeren Seelen zuwendet, die er auffordert, ihm zu folgen, die aber der Mut verlassen hat, und ihnen Vorhaltungen macht, daß sie sehr wohl glauben könnten, wenn sie wirklich wollten, daß ihr Wille aber schwach sei. Darin hat er auch vollkommen recht, und es ist nur eine schlechte Ausrede, die die Ungläubigen benutzen, wenn sie sagen, daß sie dies oder jenes nicht glauben *können*. Was sie wirklich antworten sollten, ist, daß sie es auf keine Weise glauben wollen, und die Gläubigen müßten das für die Wahrheit nehmen.

Wenn die Zweifelnden sich wirklich von der Idee des Versöhnungstodes Christi und der Auferstehung oder vom Gedanken einer gerechten Vorsehung, zu der sie im Notfall beten könnten, angesprochen fühlten, so könnten sie sehr leicht an sie glauben – ja, viele von denen, die hier behaupten, außerstande zu sein zu glauben, haben Beweise für ein ganz anderes Vermögen, was das Glauben angeht, gegeben und gründen ihr Leben darauf, daß sie mit ihren Toten vermittels eines Tisches reden – aber diese Ideen sprechen sie nicht an, sie haben in keiner Weise Lust dazu, an sie zu glauben.

Eine Art Nebenschwierigkeit tritt, trotz allem, in Übergangszeiten auf, in denen sich die Menschheit nicht klar über ihre Ideale oder Wirkungsmittel ist, so daß sie z.B. glaubt, einen Boxkampf mit solchen Vorbereitungen gewinnen zu können, wie sie sie nur ins Paradies führen können.

III Moderne Ehe oder »Was ihr wollt«

Es verhält sich mit einer ehrwürdigen Institution oft so, daß das, was am längsten von ihr lebt, der Name ist, denn für viele Menschen hat der Name mehr Wirklichkeit als die Idee.
Daß der Inhalt aufgezehrt ist, die Schale sich aber aufrechterhalten kann, das ist bisweilen ein Zustand, der alle Teile zufriedenstellt, und ein Vorschlag, sich des Namens zu entledigen, würde vielleicht aufrührerisch wirken zu einem Zeitpunkt, in dem der Gedanke und das Ding schon verwittert sind wie Staub im Grabe.
Die leere Schale kann sich in der Regel so lange aufrechterhalten, wie Kinder der wirklich Glaubenden leben, solche Menschen, die ihre Begriffe von Vorfahren haben, zu deren Zeit der Inhalt wirklich existiert hat.
Vielleicht noch so lange, wie noch Kinder von diesen leben, solche, die sich an die Pietät ihrer Vorfahren erinnern können, wenn das Wort genannt wird. So ist das z. B. noch der Fall mit dem Begriff: Weihnachten, oder Weihnachtsstimmung, denn die Worte, die Melodien, der Duft, besitzen immer noch Heiligkeit durch die Erinnerung an die Stimmen der Menschen, für die die Heiligkeit Wirklichkeit war, und jene wird mit dieser verwechselt. Die Illusion wird so weit getrieben, daß selbst z. B. Milchreis und Apfelkrapfen, die im Alltag kein sonderlich großes Ansehen genießen, bei dieser Gelegenheit eine Stellung als Festspeise mit einem heiligen Gepräge geltend machen.
So z. B. mit dem modernen Königtum, das den Namen und etwas von dem Glanz bewahrt hat, der dem alten angemessen war – selbst wenn weder Harald Schönhaar noch

Ludwig XIV. die jetzige Institution als solche auch nur im geringsten anerkannt oder ohne Anleitung überhaupt erkannt hätten.

Es gibt sicherlich noch heute Menschen, die ihre Herzen bei der Entgegennahme eines Ordens aus der Hand des Königs beben fühlen, und sie wissen nicht, daß diese eigentlich vom Echo der Stimme ihres gläubigen Großvaters beben, wenn der ihnen die Wachtparade vor Amalienborg zeigte. Aber sie schrecken in den selben Herzen nicht davor zurück, den König einen Sch... zu nennen, wenn er anders auftritt, als sie billigen können.

Es verhält sich mit einer neuen Idee oft so, daß, wenn sie bescheiden und mit den besten Erklärungen für ihre Existenz kommt und an die Tür der Gesellschaft klopft, drinnen ein beispielloser Aufstand ausbricht.

Man einigt sich darauf, daß, wenn diese Idee jemals Eingang in die Gesellschaft erhält, die Gesellschaft nicht lange bestehen wird.

Die ganze Bürgerwehr wird zusammengerufen, um die Tore zu verbarrikadieren, und die Geistlichen sind in der Regel zur Stelle gewesen, um von den Kanzeln gegen den Feind zu beten. Wenn auf solche Weise halbwegs für Sicherheit gesorgt ist, legt sich die Aufregung, und es wird wieder eine Zeitlang still um die Idee, und das nächste, was man von ihr entweder hört oder sieht, ist, daß sie den Bürgermeister beim Verfassungsmahl zum Tischherrn hat.

Niemand weiß, wie sie hereingekommen ist, und das ist eine Frage, die man deswegen links liegenlassen kann.

Ich will die korsettlosen Frauenkleider als Beispiel nehmen.

Ich habe in einer Zeit gelebt, in der wegen dieser Frage mächtig auf die Pauke gehauen wurde. Die Zeitungen, nicht nur die speziellen Frauenblätter, veröffentlichten Artikel darüber, und die korsettlose Tracht wurde Reformtracht genannt. Damals haben die Korsetts gewonnen. Es hat freilich Leute gegeben, die damit einverstanden waren, daß die Korsetts etwas kürzer und weiter sein könnten, aber daß eine Dame ohne Korsett angezogen sein und sich zeigen könnte, das war ausgeschlossen, denn wie sollte ein Kleid ohne Korsett genäht werden können und wie sollte es sitzen können? Diese Frage konnte niemand beantworten, und die Korsetts wurden länger und länger.

Als die Angelegenheit auf diese Weise geregelt war, wurde es ziemlich still um sie. Und jetzt, 15 Jahre später, kann man durch alle fashionablen Salons, Theater und Restaurants gehen, ohne ein einziges Korsett zu sehen. Die jungen Frauen, die die Mode machen und die nichts mit irgendwelcher Reformtracht zu tun haben wollen, wollen genauso wenig ihre Silhouette mit einem Korsett ruinieren. Die Frage, wie Kleider genäht werden oder sitzen können, ist gelöst, obgleich niemand richtig erklären kann, wie das eigentlich zuwege gebracht worden ist.

Wenn in diesem Augenblick ein Vorschlag gemacht wird, der klipp und klar dazu führt, die Ehe abzuschaffen, so wird er vielleicht eben jetzt auf ziemlichen Widerstand stoßen. Vielleicht wird er von einzelnen Gruppen als revolutionär betrachtet.

Wie! – es leben noch viele alte Partisanen der Ehe, die, die vor vielen Jahren deren Fahne im Kampf gegen die freie Liebe hochhielten und siegten.

Ihr alten Partisanen der Ehe! Habt ihr in der Hitze des Kampfes der »freien Liebe« nie so fest ins Antlitz geblickt, daß ihr sie erkennt, wenn ihr ihr wiederbegegnet?

Dreht euch um. Es ist die freie Liebe, die mitten in der Bürgerschaft sitzt. Die Geistlichen segnen sie, die Bürgermeister registrieren sie, sie geht mit Ring, sie hat das Szepter und den Reichsapfel der Ehe, die Achtung der Gesellschaft und den Namen der Ehe selbst annektiert.

IV Moderne Ehe oder »Was ihr wollt«
   (Fortsetzung)

> The confusion of marriage with morality has done more to destroy the conscience of he human race than any other single error.
>
> Bernard Shaw

Wenn man versuchen würde – z. B. mittels einer Abstimmung unter modernen gebildeten Menschen –, eine Antwort auf die Frage zu erhalten: »Was macht ein Verhältnis zwischen einem Mann und einer Frau von einem unmoralischen zu einem moralischen Verhältnis?« – würde man in 99 von 100 Fällen die Antwort bekommen: »Die Liebe.«

Das beweist, daß moderne gebildete Menschen einen ziemlich sicheren und festen Begriff dessen haben, was Moral ist und was Liebe ist.

Aber wenn man in demselben Kreis fragen würde: »Was macht ein Verhältnis zwischen einem Mann und einer Frau von einem freien Verhältnis zu einer Ehe?« – das heißt, moralisch und ideell gesehen, denn legal gesehen weiß ich das, wenigstens in diesem Augenblick –, dann würden die meisten modernen gebildeten Menschen in große Verlegenheit geraten, irgendeine Antwort zu geben. Denn moderne gebildete Menschen haben keine Vorstellung davon, was Ehe ist.

Es wäre ganz interessant, nur mal so die Möglichkeiten für die Antworten, die eingehen könnten, durchzugehen.

Würde z. B. irgendein moderner Mensch wagen, dem Gesetz und dem Geist des Gesetzes so sehr zu widersprechen, daß er antwortete: ihre Unauflöslichkeit? Allerhöchstens

könnte er vorschlagen: ihre Dauer, und man könnte vielleicht einen Zeitpunkt festsetzen, zu dem ein freies Verhältnis in eine Ehe überginge.
Oder würde er wagen, Geist und Moral der Zeit so sehr zu widersprechen, daß er das Achtbare in dem Willen, die Welt zu vermehren, hervorhöbe und diesen als Wesensunterschied zwischen dem freien Verhältnis und der Ehe festsetzte? – mit dem Risiko, genötigt zu sein, die Hälfte der achtbaren Ehen in die Klasse der freien Verhältnisse zu versetzen.
Wäre es denkbar, daß man die Antwort bekäme: ihre Offenheit, ihre Anerkennung durch den Staat – als eine (zweifelhafte) moralische Rechtfertigung durch die Gruppe Menschen, die sich am eifrigsten der Offenheit der freien Verhältnisse widersetzt hat, ja diese für um so schamloser hält, je offener sie sich bekennen – und die auch auf keine Weise versuchen will, die Verbindungen anderer Art, denen der Segen der Staatsanerkennung zuteil wird oder jedenfalls vor einigen Jahren zuteil wurde, im Ansehen zu heben?
Vielleicht würde man die Antwort bekommen: die Zuverlässigkeit oder die Treue. Es wäre jedenfalls wünschenswert, daß man diese Antwort bekäme, denn nichts zeigt deutlicher als die Auffassung des Treue-Begriffes, wie sehr die modernen Menschen die Idee der Ehe aus den Augen verloren haben, während sie den moralischen und ideellen Code der freien Liebe an ihren fünf Fingern herzählen können.
Denn nach der Moral der freien Liebe ist, solange das Liebesverhältnis währt, Untreue eine Todsünde.
Wo die Liebe das höchste, ja, das einzige Gesetz ist, ist ein Abfall von ihr eine Aufhebung des ganzen Verhältnisses. Die Untreue ist im Liebesverhältnis, was im Verhältnis zu

Gott die Sünde ist, die man: wider den Heiligen Geist nennt, und genauso, wie wenn es sich um diese handelt, gibt es keinen Gradunterschied, sondern im Größten wie im Kleinsten ist sie mit Verdammnis gebrandmarkt.

Aber in der Ehe? Sollte man da nicht um der höheren Ideale willen eine Schwäche in einer Frage, die keine Seligkeitsfrage ist, vergeben können?

Die Ehe hat ja mit so vielen anderen Sünden rechnen müssen, und nicht nur in ihren eigenen vier Wänden, denn sie befand sich ja in einem Verhältnis zur Umwelt, und Sünden gegen die Umwelt wirkten zurück auf die Ehe selbst. Ein Gatte, der seinen Ruf verspielte oder seinen guten Namen ruinierte, sündigte gegen seine Ehe, und seine Gattin konnte Rechenschaft von ihm fordern, was für einen Liebenden oder eine Liebende gar nicht in Frage kam.

Sollte sie in diesem Punkt nicht nachsichtig sein?

Und muß nicht die moderne Lebensanschauung willig einräumen, daß sie in dem Augenblick, in dem sie das Recht erhalten hat, eine Ehe um eines einzigen Treubruchs willen aufzulösen, die Ehe als ein Liebesverhältnis anerkannt hat?

V Moderne Ehe oder »Was ihr wollt«
(Fortsetzung)

Es ist heutzutage doch denkbar, daß ein junger Mann von unanzweifelbarer Ehrenhaftigkeit, mit hochentwickelten zeitgemäßen Ehrbegriffen, auf einer Reise, an einem Badeort oder bei »winter sports« einem jungen Mädchen begegnet und sich in es verliebt, ja, sich klar darüber wird, daß es für ihn das höchste Glück bedeuten würde, sie zu gewinnen, und erst dann erfährt, daß sie verheiratet ist.
Es hat Zeiten gegeben, in denen der ehrenhafte junge Mann das Verhältnis als beendet ansehen mußte, selbst wenn es beiden Partnern so vorkam, als wäre es alles Glück und alle Harmonie ihres Lebens, auf die sie verzichten müßten.
Oder andere Zeiten, in denen es sich einem jungen Mann von höchsten Ehrbegriffen anders darstellen mußte – da hatten sowohl der Himmel als auch die Erde Hindernisse zwischen ihnen errichtet. Ihre Liebe mußte heimlich sein wie die Sterne der Nacht – oder alles, Stellung, Familie und Freunde, mußte ihr geopfert werden, und ihre Seligkeit wurde auf diese Ruinen gegründet.
Heutzutage stellt es sich anders dar. Diese Ehe ist ein Hindernis, das zu überwinden er alles Recht hat, seine ganze Energie einzusetzen. Das wird seine Zeit brauchen, aber die Liebenden erhalten die Möglichkeit, die Stärke ihrer Gefühle zu beweisen und die Sympathie des Publikums zu gewinnen.
Sie haben ebenso das Gesetz wie die Propheten auf ihrer Seite.
Eine Ehe hat da geringere Chancen als ein freies Liebesverhältnis unter denselben Bedingungen. Ein moderner ehren-

hafter und ideal veranlagter junger Mann erkennt die Liebe an und hat Ehrfurcht vor deren ewigem Recht; er wird vielleicht Bedenken haben, in ein Liebesverhältnis einzubrechen, die einer Ehe gegenüber nicht im mindesten in Betracht kämen.
Und in der Frage der Sympathie der Allgemeinheit gilt dasselbe. Denn als die Ehe ihre alten Waffen wegwarf, um in den schönen Kleidern der Liebe zu glänzen, mußte sie sich der Gefahr aussetzen, daß diese Waffen gegen sie gewandt wurden. Wenn sie jetzt angegriffen wird, kann sie sich nur auf das Recht der Liebe berufen, und es ist schlecht, wenn so alte Rücksichten wie Familie, Eigentum, Stellung überhaupt an das Licht des Tages gebracht werden, denn sie wecken doch immer Mißtrauen gegen die reine, unverfälschte Liebe, unter deren Flagge sie segelt ... vielleicht hat er sie ihres Geldes wegen genommen, und verdient er da etwas anderes, als sie zu verlieren?
Wir wollen, um noch deutlicher zu beweisen, wie die Ehe auch das andere große Gebot im Code der freien Liebe übernommen hat: »Unhesitating, uncomplaining acceptance of a notice of a change of feeling from either side« –, die dritte Person in der Komödie ins Auge fassen, den Ehemann oder die Ehefrau, und sehen, wie diese in der modernen Ehe moralisch und ideell gesehen in dieser Sache dastehen.
Da der moderne Ehemann ein ehrenwerter junger Mann mit hochentwickeltem Ehrbegriff ist, kann er in diesem Konflikt nur ehrlich und anständig, unter dem Zeichen der Liebe, siegen oder verlieren. Kann er als Liebender die Frau zurückgewinnen, die zu verlieren er drauf und dran war, dann ist das ein ehrlicher Sieg, er hat seinen Nebenbuhler beschämt und kann triumphieren ... sogar Romane und Theaterstücke haben sich damit beschäftigt.

Kann er ihre Liebe nicht zurückerobern, sondern liebt sie den anderen Mann tiefer als ihn, muß er sich vor dem Recht der Liebe beugen und kann auch auf keine Weise Sympathie erringen, selbst wenn er im Schatten steht, wo der Glanz der siegreichen Liebe auf das glückliche Paar fällt.

Aber wenn er sie und sich aus Eigennutz erniedrigen will, indem er sie zu einem Zusammenleben ohne Liebe zu überreden versucht, bringt er alle und jeden gegen sich auf, denn in der ganzen Bibel der freien Liebe gibt es nichts Jämmerlicheres als den Liebenden, der mit äußerlichen Umständen, mit alten toten Versprechen, mit materiellen Werten die Liebe erzwingen will ... für die moderne Lebensanschauung ist das ein Kampf zwischen Geist und Buchstaben, und der ist von vornherein verloren.

Welche Waffen sollte eine Ehe denn auch haben, mit denen sie kämpfen könnte?

Die bedrohten Ehegenossen in alten Tagen kämpften für eine Idee, wenn sie für die Ehe kämpften – oder konnten doch wenigstens in ihrem eigenen Interesse eine Idee ins Feld führen. Zu guter Letzt konnten sie die Kirche oder Gott selbst ins Spiel bringen.

Jetzt ist die Hälfte der Ehen bürgerlich eingesetzt, und es gibt keinen Grund mehr zu glauben, daß Gott ein besonderes Interesse an ihnen haben sollte ... wohingegen es wohl der allgemeinen Auffassung entspräche, daß er auf der Seite der Liebe steht.

Sie nutzten das Heim und die Kinder als ihre erhabensten Argumente, aber auch diese haben ihre Kraft verloren, denn was kann es dem Heim oder der Familie Gutes bringen, daß der, der sie beherrschen soll, sein höchstes Ideal im Stich gelassen hat? Viel eher müßte man damit rechnen, daß das eine Art Fluch zur Folge hätte ... wie für einen Kreuzfahrer, der aus irgendeinem Anlaß zum Islam überträte, wie für die ehrenhaften Ehefrauen in alten Zeiten, die sich um ihres Kindes willen, ja, um dessen Leben zu retten, mit den Machthabern einließen und ihre »Ehre« verkauften.

Für seinen Namen oder seine Stellung in der Gesellschaft kann der geschädigte Ehepartner nur rein formal kämpfen ... denn was bedeutet ein Name in der modernen Gesellschaft, und was kann eigentlich gegen die Stellung der geschiedenen Frau oder des geschiedenen Mannes eingewandt werden, die ein großer Teil der Nation äußerst vergnügt einnimmt?

Übrig bleiben rein materielle Gesichtspunkte, für die kein Mensch in einer Angelegenheit, in der es um Liebe geht, Sympathie haben kann ... und besser ist es sicherlich für den verschmähten Ehepartner, sich so schnell wie möglich abzufinden oder auf einen guten Rat zu hören: sein Glück in einer neuen Liebe zu versuchen ... so geh hin und tue desgleichen!

Dies hätte nicht zwischen ehrenhaften Menschen mit gesundem Ehrgefühl geschehen können, für die die Ehe eine Wirklichkeit, eine Idee war – und die Fähigkeit des Wortes, die Sache zu überleben, kann ein weiteres Mal darin gesehen werden, daß es für manche doch eine Art Vorstellung davon gibt, daß die Ehe moralischer ist als das freie Verhältnis.

VI Moderne Ehe oder »Was ihr wollt«
(Schluß)

Wenn diese Einschätzung richtig sein sollte und man etwas über die moralischen Werte sagen wollte, ist die moderne Ehe höchstens der Wolf im Schafspelz, und zudem ist die Wolle ziemlich dünn.

Das Ganze will eigentlich nur besagen, daß die Gesellschaft sich stillschweigend mit sich selbst geeinigt hat, daß ein Schaf, wenn es nur auf eine bestimmte Weise mit Tinte aus dem Bürgermeisterbüro eingeschwärzt ist, wirklich sehr gut so aussehen und auf diese Art blöken kann.

Aber so verhält es sich nicht. Eher könnte man sich eines anderen Vergleiches bedienen und sagen, daß es sich genauso, wie man z. B. hier draußen Tiere gegen gewisse Krankheiten impft und sie dann mit einem bestimmten Brandmal zeichnet, um zu zeigen, daß das geschehen ist, in alten Zeiten mit der Ehe verhielt. Es wird vorausgesetzt, daß eine gewisse Idee dem Seelenleben und Gedankengang des Brautpaares implantiert wurde und Kirche und Gesetz ihren Stempel darauf setzten, um es der Umwelt anzuzeigen.

Aber bei der Impfung stirbt ein großer Prozentsatz der Geimpften, und die Gesellschaft könnte ja aus vielen anderen Gründen zu der Überzeugung gelangt sein, daß das Impfen die Mühe nicht wert sei. Wenn man sie trotzdem das Brandmal und eine gewisse Ehrfurcht vor ihm bewahren sah, mußte man annehmen, daß dem die eine oder die andere von zwei Auffassungen zugrunde lag: entweder daß es in sich selbst eine wundertätige Kraft besaß und für den ganzen Prozeß entscheidend war – wovon man sich nicht recht vor-

stellen kann, daß es als Überzeugung unter modernen gebildeten Menschen Bestand hat – oder: daß das Brandmal sich rein ästhetisch gut ausnahm und zu einem zivilisierten und vollständigen Aussehen beitrug. Von der moralischen Seite der ganzen Angelegenheit zu reden lohnte sich ja nicht.
So ist es mit der modernen Ehe.
Es existiert vielleicht immer noch unter den Menschen, die sich vor einem Menschenalter an dem Kampf für die Ehe gegen die freie Liebe beteiligten – und siegten –, die Vorstellung, daß die Ehe im allgemeinen aus ästhetischen Rücksichten verworfen, aber aus moralischen Rücksichten bewahrt wird ... aber in Wirklichkeit verhält es sich eher genau umgekehrt.
Selbst diese alten Vorkämpfer der Ehe, die sich auf sicherem moralischem Grunde glauben, müßten, wenn sie ausnahmsweise ihre eigenen Herzen und Nieren prüfen wollten, einräumen, daß sie das ewig Rechte, das dem Besten der Menschheit dient, mit ihrem eigenen persönlichen Geschmack verwechselten ... (eine Verwechslung, die ja selbst unter den ehrenhaftesten Menschen ständig stattfindet, aber nirgends öfter oder verhängnisvoller als in allem, was die Liebe angeht) ... und mit heiligem Eifer für Schönheits- und Anständigkeitsrücksichten kämpften, während sie glaubten, eine Schlacht für die Art hohe Ideale zu schlagen, die eine Lebensbedingung für die Menschheit sind.
Über den Geschmack läßt sich nicht streiten ... es muß erlaubt sein, diesen alten Lehrsatz zu zitieren, solange das Bestreben, ihn zu bestätigen, so groß scheint, denn über nichts wird hitziger gestritten ... und ob man für eine junge, schüchterne und schlichte Hausfrau schwärmt oder eine geistvolle und schöne Freundin oder eine Walküre und Fylgie, muß eine persönliche Angelegenheit sein und ist nur

insofern von Interesse, als die Persönlichkeit von Interesse ist. Es ist sicher, daß die Herzen beben und sich begeistern können beim Gedanken an sie, die »soll treten ins Frauengemach, und Reinheit und Ruh sollen kommen mit ihr«, genauso wie an sie, die ist »terrible comme l'aspect d'un étendard ... et le charme de son regard / est un clairon qui nous entraine« ... oder an die, deren »Seele zum Lied wurde in deiner Brust – mich selbst fängst du nicht« ... und poetische Gemüter können von jeder von ihnen gleich stark bewegt werden. Man kann wohl alles in allem sagen, daß die freie Liebe in Poesie und Kunst ein wenig ehrlicher gewesen ist als die Ehe – die da gerne ein paar Kunststücke machen möchte, was die Schönheitsideale und das »aufs Bürgerglück Zielende« betrifft –, aber die hatte es da auch leichter; und es gibt ja alles in allem keinen Grund, nicht den Hut zu ziehen, wenn man mit einem Gedankengang oder einer Ideenrichtung abgerechnet hat, die die Welt verschönt hat und deren Zeit abgelaufen ist.

Es war einem gewissen Zeitalter – das noch in unserem eigenen weiterlebt – unerträglich, es bestand ein paar Generationen lang eine gewisse Scheu, der Liebe als einer Naturmacht oder einer Gottheit in die Augen zu schauen.

Wo die jetzige junge Generation der aus dem Meer emporsteigenden Venus Anadyomene mit Palmenzweigen entgegenlaufen würde, würden die Repräsentanten dieses Zeitalters, die sozusagen immer noch die Veratwortung für unsere Sitten und Bräuche haben, sich abwenden oder ihre Gesichter verhüllen. Das ist als Geringschätzung aufgefaßt worden, aber auf solche Weise behandelt diese geistige Generation das, was für sie das Höchste im Leben darstellt, und hat damit auf jeden Fall eine schätzenswerte Tradition für sich ... so wie wenn das Gesetz des Islam fordert, daß die junge freie Frau, nach seiner Lebensauffassung der höchste Wert des Daseins, vom Hals bis zu den Knien bedeckt sein und ihren Leib »shameful« nennen soll – während eine Sklavin sehr viel leichter bekleidet umhergehen kann, ohne das Gesetz zu verletzen.

Man kann hier von einer größeren oder geringeren Feinheit der Auffassung sprechen, und vielleicht werden beide Seiten von geschmackvoll oder geschmacklos sprechen ... aber über den Geschmack läßt sich nicht streiten.

Es ist dieser Generation – die unsere Hochzeitsbräuche geregelt hat und den Ehrenplatz auf unseren Hochzeiten einnimmt – unerträglich, wenn nicht sogar ganz unmöglich, an der Einweihung eines Liebesverhältnisses teilzunehmen, und dieses erweist ihr die Rücksicht, sich mit mehr oder weniger Koketterie hinter Familie und Stellung, Haus und Heim zu verstecken. Die Braut wird bei der Hochzeit aus einem Fräulein Rosenfeldt zu einer Frau Løvenskjold, darüber kann man sprechen und scherzen, und mit dem, was sonst geschieht, beschäftigt man sich nicht.

Die moderne Ehe ist hier zu einem Feigenblatt geworden, über das man zwar ästhetisch streiten kann, das man aber moralisch als ein Nichts ansehen muß.

Gegen diese Auffassung von Schönheit und Schamhaftigkeit haben deren Gegner nichts anderes einzuwenden, als daß sie sie nicht teilen, und zwar aus dem Grunde, daß sie von ihr und ihrem ganzen Wesen nichts wissen wollen. Die junge Generation, die sich darauf versteht, die die ideale Schönheit in Nacktheit sieht – von der Barfußtänzerin bis zu der sogenannten nackten Wahrheit in allen Verhältnissen –, schließt ihre Ehen offen als Liebesverhältnisse und feiert ihre Hochzeiten als Liebesfeste ... und wenn sie trotzdem die Traditionen liebt und an ihnen festhält, verändern diese unmerklich in einem neuen Lebenslicht ihre Bedeutung, und der Brautschleier, den es noch gibt, bezeichnet bereits weniger die mit der Liebe Unbekannte als die in die Liebe Eingeweihte.

Es nützt der älteren Generation nichts, darauf zu bestehen, daß ihr Geschmack in dieser Hinsicht der bessere war, denn über den Geschmack läßt sich nicht streiten, und von der Schamhaftigkeit kann gesagt werden, daß sie befriedigt ist, wenn Sitte und Brauch bekommen haben, was ihrer ist, ... oder sollte man von dieser älteren Generation denken können, daß sie bestreiten würde, daß dem Reinen alles rein ist?

VII Der große Kaiser Otto

> THE GREAT EMPEROR OTTO
> COULD NEVER DECIDE ON A MOTTO.
> HE HOVERED BETWEEN:
> »L'ETAT C'EST MOI« AND: »ICH DIEN«.

Als Kormak um Stengerde warb und ihr im Gedanken an ihr zukünftiges gemeinsames Glück sang:

> Liebesflug wir fliegen
> Nirgends, nirgends hin,
> Unter Freyjas Himmel
> Ruhen wir auf Schwingen,
> Alle Jubeltöne
> Stürmen uns entgegen

es geschah aber:

> Daß des Mädchens Zunge
> Darauf sprach zu mir:
> Liebesflug wir fliegen
> Unserm Ziele zu.
> Hin durch Freyjas Himmel
> Gleiten jubelnd wir,
> Denn das Glück, das winket
> Uns am Ende erst.

da predigte er ihr die freie Liebe, aber sie antwortete mit der Ehe, und aus diesem Unterschied in der Auffassung des Liebesverhältnisses und des Glückes, das in ihm liegt, kam ihr ganzes Unglück.

Denn wo die Liebe das höchste Gebot und Freyjas Himmel das endgültige Ziel ist, da ist das Verhältnis zwischen Mann und Frau ein Liebesverhältnis und ideell gesehen ein freies Liebesverhältnis, selbst wenn sie von Häuptlingen oder Göttern getraut sind, was Kormak und Stengerde gleichermaßen wollten.

Aber ein Liebesverhältnis zwischen einem Mann und einer Frau wird zu einer Ehe, wenn es eingegangen wird in Anerkennung der Tatsache, daß die persönlichen Gefühle beider Partner, wie sehr sie zu Beginn auch auf diese bauen, einer Idee sich unterordnen und dienen sollen, die für beide höher steht als die Liebe selbst, einer Idee, die in aller Regel beider Lebenszeit in Anspruch nimmt, falls deren Anspruch nicht noch weiter geht.

Im Lauf der Zeit sind viele Ehen und freie Liebesverhältnisse, wie das von Kormak und Stengerde, dadurch zerstört worden, daß sie zwischen diesen beiden Idealen hin und her schwankten.

Nachdem man eine Zeitlang versucht hatte, die Liebe auf die Ehe zu gründen, und es für gegeben angesehen hatte, daß dort, wo eine gute und solide Ehe zugrunde lag, die Liebe sich mit Leichtigkeit und sozusagen von selbst, als deren Zier, darüber erbauen ließ ... gab man diesen Baustil auf, der offensichtlich irgendwo fehlerhaft berechnet war, und kehrte das ganze Gebäude von oben nach unten, indem man die Liebe als Basis nahm und damit rechnete, daß eine gute und solide Ehe errichtet werden würde, wo ein starkes Gefühl das Fundament wäre.

Noch immer verstopft sich die Gesellschaft häufig ihre Ohren mit dieser Theorie, wenn der Lärm der einstürzenden Ehen in unserer Generation widerhallt.

Aber ein solches Gebäude kann höchstens so werden wie der schiefe Turm von Pisa und hat nur wenige Chancen, sich so gut zu halten. Denn in einem Verhältnis ist die Geliebte

ein und alles, Anfang und Ende, wie Stengerde das für Kormak war, aber in der Ehe begegnen zwei Persönlichkeiten einander in einer Idee, und keine von beiden ist für die andere der höchste Lebenssinn, aber die Ehe selbst ist es für sie beide. So ist das Verhältnis zwischen einem General und einer Armee, wo die heißeste Hingabe auf beiden Seiten gefunden werden kann: der General ist jedoch nicht alles für die Armee oder die Armee für den General, sondern der Krieg, den sie planen, ist es für beide Partner. So zwischen einem König und einem Volk: der König ist nicht alles für das Volk oder das Volk für den König, sondern die Idee des Reiches ist es für sie beide. So mit einem Geistlichen und seiner Gemeinde, die einander lieben; der Geistliche ist nicht alles für die Gemeinde oder die Gemeinde für den Geistlichen, sondern Gott ist es für beide Partner.
So sind die meisten Ehen, wenn man sie als Ehen und nicht als Liebesverhältnisse nimmt, wie eine Armee und ein Offiziersstab in einem Lande, in dem der Krieg für immer ausgeschlossen ist, ein König und ein Volk ohne Land, eine Gemeinde und ein Geistlicher ohne Glauben.
Es ist einleuchtend für jeden, der sich überhaupt mit der Entwicklung und Zukunft der Menschheit beschäftigt und die Hoffnung hat, daß sie auch hier mehr Schönheit, Harmonie und Glück erlangen können sollte, daß sie in allem, was die Liebe betrifft, weit mehr Klarheit, Offenheit, Idealismus braucht, als sie je hier gewollt hat, und daß sie in unserem Jahrhundert am Beginn einer bewußten Erziehung in allen Verhältnissen, die die Liebe berühren und die vollkommen vernachlässigt worden sind, steht.
Wenn die Menschheit also auf die ideale freie Liebe Lust hat, sich von ihr angesprochen fühlt, sie sich als höchstes Ziel setzen sollte, muß sie versuchen, sich eine so hohe Idee

von der Liebe an sich zu erschaffen, wie es überhaupt möglich ist.
Tausend Jahre hindurch ist gegen die Liebe als etwas an sich Niedriges gepredigt worden, und ihre Stellung leidet immer noch darunter. Viele Jahrhunderte hindurch ist in Gedichten und Romanen so geredet worden, als wäre der Liebesdienst der leichteste von allen, und diejenigen, die ihn ableisten, litten und irrten dabei.
Denn um in einem freien Liebesverhältnis leben zu können, bedarf es bei dem einzelnen eines hohen Idealismus, instinktiver Anerkennung des Rechtes des Individuums und großen Schönheitsgefühls ... denn auf der Schönheit beruht das freie Liebesverhältnis schließlich und endlich, und das schöne freie Liebesverhältnis ist der Menschheit stets als die höchste erreichbare Offenbarung der Schönheit erschienen.
Und außerdem: die Gabe, wirklich zu lieben, ohne durch Gewohnheit oder äußere Verhältnisse darin bestärkt zu werden, und die göttlichste höchste Offenbarung, die andere in der Religion, der schönen Natur, der Kunst, der Pflicht, einem Vaterland sehen ... in einem einzelnen Menschen und die eigene Heilig- und Seligwerdung in der Vereinigung mit diesem einen zu sehen.
Es besteht heutzutage ein Mißverhältnis in der Lebensbetrachtung darin, daß die Liebe für die meisten Menschen als das Höchste von allem gilt, während sie gleichzeitig kein Gefühl dafür haben, daß sie gerade hier das Äußerste leisten müssen, was ihre Natur vermag. Daran trägt die Lebensanschauung der Ehe große Schuld, ist aber gleichzeitig entschuldigt, weil sie der Liebe nicht den höchsten oder heiligsten Platz einräumte – und selbst wenn sie förmlich verworfen ist, hat sie in der Wirklichkeit noch so viel Macht über

die Sinne, daß die meisten Menschen in ihren Liebesverhältnissen auf beiden Beinen hinken – »aber so gleichmäßig, daß man es nicht sieht«.
Bis die Liebe offen als Ideal anerkannt wird und die Idealität in der Liebe offen gefordert wird, erhalten die meisten Menschen ihre Erziehung zur Liebe – zur selben Zeit, in der sie ihre Erziehung zur Wissenschaft, Politik, Landwirtschaft und Kunst durch die vorzüglichsten erreichbaren Repräsentanten erhalten – durch die niederen Tempeldiener der Liebe und finden sich infolgedessen später im Leben im Dienste der Liebe mit viel geringeren Ansprüchen an sich selbst in Bezug auf Selbstlosigkeit, Wohlanständigkeit, Feinsinn, Verstehen, Selbstbeherrschung ab ... als in irgend einem anderen Verhältnis. Es ist eine betrübliche Wahrheit, daß die meisten jetzt lebenden alten Menschen, sofern sie vorurteilslos auf ihr Leben zurückblicken würden, anerkennen müßten, daß ihre schäbigsten Leistungen als menschliche Wesen ihrem Verhältnis zur Liebe gegolten haben.
Trotzdem haben die schönsten Stimmen der Menschheit von der Liebe als dem Höchsten, das das Menschenleben gewähren kann, gesungen ... und im Laufe von ein paar tausend Jahren haben sie sich vielleicht nicht nur als schöne Musik Gehör geschaffen, sondern sind ins Bewußtsein der Menschheit gedrungen.
Wenn die Menschheit Lust darauf haben sollte, wenn es ihr wirklich zusagte und sie die freie Liebe zu ihrem höchsten Ziel erklärte, wird sie es im Lauf der Zeit einmal erreichen, daß alle wahrheitsliebenden und begabten Menschen den Prüfstein ihres Wesens in ihrem Liebesverhältnis sehen werden.
Aber wenn die Menschheit sich entschließen sollte, etwas

Zusagenderes darin zu sehen, mehr Lust auf die Ehe zu haben, dann bedarf sie heute und morgen der Idee, auf die die Ehe gegründet werden kann.
Denn die Ehe kommt nicht zu Fall, wie sie selbst beliebt, dieses Verhältnis darzustellen, weil die freie Liebe wie ein Irrlicht die Gegenwart ins Moor gelockt hat, indem sie ihr ein Ideal gezeigt hat, dem viele bequemer und leichter folgen konnten. Sie kommt zu Fall durch ihren eigenen furchtbaren Mangel an Idealismus, ihre eigene freiwillige Unterwerfung unter den Buchstaben, sodaß eine Ehe eine Ehe war und die schrecklichsten Dinge innerhalb ihrer vier Wände vor sich gehen konnten, ohne daß sie um ihres eigenen guten Namens willen eine Veranlassung fand, zu protestieren. Sie kommt nicht zu Fall, weil ihre Gesetze streng sind und Aufopferung fordern – das erschreckt keinen einzigen Menschen –, sondern sie kommt zu Fall, weil sie keinen Himmel kennt, der am Ende des Weges winkte, und weil sie keine Idee hat, weil die allgemeine Haltung ihr gegenüber jetzt ist: »wozu soll das gut sein?« Sie muß sich daher bequemen, diese Frage zu beantworten ... oder mit Würde ins Bewußtsein der Menschheit einzugehen als etwas, das an die Ehrwürdigkeit des Vergangenen gebunden ist ... womit die heilige Armee und das heilige Königtum sich abzufinden im Begriffe sind.
Wenn es nicht denkbar ist, daß noch ein paar Jahrhunderte Lebenskraft in dem Prinzip einfacher und schlichter Orthodoxie stecken: daß die Ehe heilig ist.
Die alleinseligmachende Kirche hat lange gelebt, die alleinseligmachende Ehe kann sich vielleicht noch eine Zeitlang lebendig erhalten, und es läßt sich im Kampfe zwischen der Orthodoxie und dem freien Gedanken immer einiges zugunsten der Orthodoxie sagen. Man vertieft sich in die Ge-

schichte der seligmachenden Kirche mit wachsendem Staunen über deren Fähigkeit, die Menschen dazu zu bringen, ihre eigenen und anderer höchste Wünsche und Lebensbedingungen hinzuopfern auf die bloße Versicherung hin, daß sie dadurch selig werden würden. Zuletzt fragt man: Sind sie denn selig geworden? ... und erhält zur Antwort: nein, selig sind sie sicherlich nicht geworden, aber durch diese ungeheuren Opfer erreichten sie doch, zufriedener zu sein, als ihr scheint.

Wenn die Orthodoxie sich auch nicht immer berühmen kann, Frieden gefunden zu haben, kann sie doch auf alle Fälle sagen, daß die Menschheit, hätte sie nur auf sie gehört und danach gehandelt, Frieden gefunden hätte.

Nur eines kann die Orthodoxie nicht: sie kann nicht im Namen des Ideals kommen.

Und die Menschheit hat Lust auf das Ideal.

VIII Der heilige Christophorus

> Reprobus, später der heilige Christophorus, war ein syrischer Häuptling von ungewöhnlicher Größe und Stärke, der einen suchte, der stärker war als er selbst und dem er dienen konnte.
>
> Jacobus de Voragine: Die goldene Legende

Jetzt ist das Feldgeschrei »L'art pour l'art« so altbekannt, daß wir sicherlich nicht einmal richtig verstehen, was es bedeutete, als es ein Feldgeschrei war.
Wenn wir es zum erstenmal und ohne jede Voraussetzung hörten, ist es naheliegend, daß wir es als eine Forderung an die Kunst auffassen würden, und zwar die allerstrengste: »Sei Kunst. Kein Liebäugeln mit Sensationen, keine erborgten Federn, kein billiger Einkauf unter Zuhilfenahme von unzugehörigen Effekten. Sei rein, sei Kunst!«
Aber so wurde es nicht verstanden, es erscholl vielmehr aus dem Lager der Kunst selbst, von dem man doch annehmen sollte, daß dort kein Mensch etwas dagegen hätte einwenden können. Oft scheint es als eine Art Entschuldigung für die Schwächen der Kunst gebraucht worden zu sein, und in der Regel für solche Werke, die man jetzt am strengsten nach dem Gesetz »L'art pour l'art« verurteilt sehen würde. Merkwürdigerweise geschah das auch gleichzeitig damit, daß die Kunst ein zweifelhaftes Recht beanspruchte, ihr Reich auszudehnen und sich darauf einzulassen, moralische Probleme zu lösen und moralische Grenzpfosten zu verrücken.
Nun würden sich gewiß die meisten Menschen einig dar-

über sein, daß das eine ganz berechtigte Forderung ist, und daß die, die das bestreiten, eine falsche Vorstellung oder eine kurzsichtige Auffassung von der Reichweite der Kunst haben.

Um sich besser darüber klarzuwerden, kann man ein Beispiel aus der Kochkunst nehmen, welche eine Kunst ist, die eine solide und intime Verbindung mit dem Leben besitzt.

Es wird oft gesagt, daß »the proof of the pudding is in the eating«, und das wird sicherlich gemeinhin vor allem mit Rücksicht auf das verstanden, was dem Auftischen vorausgegangen ist, und ermahnt dazu, es mit der Zubereitung nicht zu genau zu nehmen, solange ein wirklicher Genuß dabei herauskommt, und besonders, keinen Vorurteilen zu verfallen. Wenn ein Koch aus einer Handvoll toter Ratten ein wohlschmeckendes Gericht herstellen kann, hat er kochkünstlerisch gesehen »recht«, und Ratten können in der Zukunft als gute und feine Ingredientien einer Mahlzeit in die Kochbücher eingehen. Aber so verstanden, erweist diese Redensart eine falsche Auffassung von der Reichweite der Kochkunst, denn die ist ja nicht mit der Mahlzeit selbst an ihr Ende gekommen, und wenn die Gesellschaft stirbt oder sich auch bloß danach sehr unwohl fühlt, fällt the proof of the pudding wieder anders aus.

Man kann sagen, daß zum Beispiel den Köchen der Borgias nicht erlaubt war, nach dem Prinzip l'art pour l'art zu handeln, denn in deren Küchen war die Kochkunst politischen und religiösen Rücksichten untergeordnet. Aber damit war die Kochkunst auf eine Bahn geraten, der sie auf die Dauer nicht hätte folgen können, ohne selbst zugrunde zu gehen. Die Mohammedaner und die Juden müssen ja immer noch religiöse Rücksichten beim Schlachten und bei der Zubereitung nehmen, aber was die Mohammedaner angeht, ist es mit deren Kochkunst ohnedies nicht weit her. Zweifelsohne muß bei Gelegenheiten, bei denen in diesem Zusammenhange überhaupt von Kunst gesprochen werden kann, bei den Gastmahlen der großen Paschas und Barone, jede religiöse Rücksicht hintangesetzt werden ... und würde überhaupt irgendein Mensch, der sich wirklich für die Kochkunst interessierte und begeisterte und, was Gesundheit und ökonomische Möglichkeiten betrifft, freie Hand hätte, einen Koch anstellen, der sich nicht zum L'art pour l'art bekennte?

Und das wäre nicht so zu verstehen, daß selbst dem passioniertesten Koch nicht dämmerte, daß es höhere Ziele im Leben gibt als die Kochkunst. Man könnte ihn sich sogar so vorstellen, daß er sich darüber klar wäre und nichts dagegen hätte, daß seine Kunst direkt politischen Ambitionen diente, aber er hätte die richtige Auffassung, daß sie auch diesen am besten diente, wenn sie in sich selbst als Kunst am höchsten entwickelt wäre. An und für sich ist das auch der idealen Kochkunst selbst gleichgültig, sie bereitet der einen Richtung kein geringeres Essen als der anderen.

Der heilige Christophorus hatte eine andere Lebensanschauung: er wollte dienen, und er stellte die vernünftige Forderung, daß der, dem er dienen sollte, auf die eine oder andere Weise stärker wäre als er selbst.

Laßt nun die Liebe, die sich selbst nicht genug ist, sondern »Ich dien« in ihrem Schild führen will ... das heißt, laßt den, der noch Wert legt auf die Ehe und ihr das Wort redet, seinem Beispiel folgen und sich, ohne eine Mühe zu scheuen, vielleicht sogar wie möglicherweise der heilige Christophorus selbst ohne große Hoffnung, auf die Wanderschaft begeben, um etwas zu finden, was stärker ist als er selbst, stärker als die Liebe, und ideell, wie der heilige Christophorus, darauf bestehen, niemandem und nichts, das dieser Forderung gegenüber zu kurz kommt, dienen zu wollen und auch die Liebe nicht dienen lassen zu wollen.

Dem droht eine lange Wanderschaft, und es wäre für ihn der Mühe wert, sich dessen Geschichte zu Herzen zu nehmen, wenn er dadurch seinen Weg verkürzen könnte und da begönne, wo jener endete: das heißt, für den, der seine Legende kennt, mit dem Dienst an Gott. Hat es für ihn einen Sinn, hier seine Sache vorzubringen und, indem er offen anerkennt, daß er sich selbst nicht genug ist, sondern etwas Größeres und Stärkeres sucht, zu fragen: Ist es Gott, dem ich dienen soll?

Es gibt viele Stimmen, die sich beeilen würden, mit Ja zu antworten.

Die Kirche, die Tradition, antwortet zuerst. Aber die weiß nicht, zu wem sie spricht, und deswegen liegt hinter der Antwort überhaupt keine Wirklichkeit. Die suchende Liebe, der moderne heilige Christophorus, kann hier mit großem Ernst den Fahneneid ablegen, aber sie wird trotzdem später finden, daß er nur eine Formel ist, daß sie keinen wirklichen Dienst annimmt, denn es gibt keinen.

Das bedeutet in diesem Zusammenhange nicht, daß moderne Menschen nicht an Gott glauben. Nein, es verhält sich anders.

Der zivilisiertere Teil der Menschheit hat mehrere tausend Jahre lang voller Stolz behauptet, nur an einen Gott zu glauben. Mit diesem modernen Monotheismus verhält es sich ebenso wie mit der modernen Ehe, die sich auch Monogamie nennt, ... das heißt, daß sie jeweils nur an einen Gott auf einmal geglaubt hat. Moses' Gott würde nicht nur nicht den Gott der Christian Science als identisch mit sich anerkennen, sondern er würde ihm im höchsten Grade feindlich gegenüberstehen, ja, es fragt sich sogar, ob er nicht schlicht und recht meinen würde, daß er sein alter Gegner, der Teufel, unter einer neuen Maske wäre. Gottes Stimme im Menschenherz hat vielleicht die selbe Kraft und den selben Klang, aber deren Repertoire ist von Jahrhundert zu Jahrhundert etwas gänzlich Verschiedenes, denn: der Gott, den du suchst, ist dein eigener Gott ... was willst du mehr? Und das Verlangen nach dem Ideal schafft den Gedanken an Gott, aber der Gedanke an Gott kann auf keine Weise ein anderes Ideal schaffen als das, das es schon gibt.

Der Gott der alten Patriarchen war ein Stammesgott, deswegen sprach Gottes Stimme in ihren Herzen für die Sache des Stammes und deswegen stand er auf der Seite der Ehe.

Der Gott des alten Deutschland war der Gott des Vaterlandes und der Dynastie, und seine Stimme sprach in deren Interesse für die Sache der Ehe. Der Gott der alten Zeiten war überhaupt der Gott der Familie, der Ordnung, des Gesetzes und dadurch der Gott der Ehe.

Aber der Gott der modernen Menschen ist der Gott des Individuums, er ist der Gott des Gefühls, und eins seiner ersten Gebote ist, daß der Buchstabe tötet, aber der Geist lebendig macht ... da müßte man zum mindesten auch glauben: legitimiert. Er ist eine äußerliche Ordnung, in der den Geist hungert, ein Zusammenleben ohne Liebe, abscheulich, seine Stimme wird es im Herzen jeden modernen jungen Mannes oder jeder modernen jungen Frau verurteilen ... und es ist wohl auch sehr zweifelhaft, ob irgendein Geistlicher sich von der Kanzel herab bequemen könnte, im Namen des Gesetzes, oder der Ordnung, oder irgendeines anderen Ideals, sich dafür einzusetzen – er hat Partei für die Liebe und gegen die Ehe ergriffen.

Wenn die modernen Menschen ihr höchstes Ideal z. B. in der Familie, dem Vaterland, dem Stamm sähen, hätten sie gleichzeitig einen Gott, der ihnen diese Ideale vor Augen stellte und geltend machte, und dann könnte die Liebe ihm dienen. Aber dann brauchte sie ihn nicht.

Der moderne heilige Christophorus verläßt den Altar, dem er sich zuerst zuwandte, und ergreift seinen Wanderstab.

IX ... *beginnt seine Wanderschaft*

Während die Menschheit sich entwickelt, werden unmerklich eine Menge Ideale nicht gerade als verwerflich, aber als unanwendbar abgeschafft.
In einer Gesellschaft kam die Rede darauf, wie viele der Zehn Gebote für das höchste Ideal der modernen Zeit: den vollkommenen gentleman, als unabdingbar angesehen werden müßten.
Obgleich es keine Diskussion gab, waren die Vorstellungen doch ziemlich übereinstimmend und wären sicherlich annähernd die gleichen gewesen, wo auch immer über dieses Problem debattiert worden wäre.
Das Gebot, um das die vollkommene gentlemanliness nicht herumkommen konnte, war das achte. Ebenso war es auch die allgemeine Meinung, daß Übertretungen des neunten und zehnten Gebotes nicht zum Charakter des vollkommenen gentleman gehören dürften, selbst wenn ja eine einzige Übertretung ihm keinen Abbruch tun könnte.
Was das siebente Gebot angeht, kam bei ihm alles auf die Umstände an. Man war der Auffassung, daß selbstverständlich viele professionelle Diebe leben, die wahre gentlemen genannt werden können, und die Zeit hat sich ja auch eine Art Ideal in dem gentleman-Dieb Raffles geschaffen.
Da man im allgemeinen davon ausgeht, daß der vollkommene gentleman in Verhältnissen lebt, die ihm ermöglichen, den Unterschied zwischen Feiertag und Wochentag zu ignorieren, wird eine peinliche Einhaltung des dritten Gebotes vielleicht den Schatten eines Verdachts auf seine Vollkommenheit werfen, aber an und für sich kann man nicht

sagen, daß das etwas mit der Auffassung von der vollkommenen gentlemanliness zu tun hat.
Aber die Zehn Gebote wurden seinerzeit mit Donnern und Blitzen vom Berge Sinai gegeben, und wir sind nicht berechtigt zu glauben, daß irgend etwas in ihnen als Füllwort auf die Steintafeln gesetzt war.
Wir müssen im Gegenteil davon ausgehen, daß das: den Namen des Herren mißbrauchen, einen Mann in der Achtung der damaligen moralischen Elite herabsetzen mußte, jedenfalls ebenso sehr wie es z. B. vor 50 Jahren das: sich über seine Erfolge in der Liebe zu verbreiten, getan hätte, oder heutzutage z. B. Mangel an Großmut Untergebenen gegenüber, oder der Versuch, eine Frau zu einem Zusammenleben, das ihr widerwärtig wäre, zu zwingen oder sie dazu zu überreden, oder der Verdacht, beim Kartenspielen zu betrügen.
Mit dem Gedanken daran, wie moralische Wertungen auf diese Weise verändert werden, müssen wir darauf vorbereitet sein, daß künftige Zeiten unseren heutigen moralischen Verabredungen völlig verständnislos gegenüberstehen werden.
Wird nun der große Begriff: Sippe, der so viele Jahrhunderte lang als eines der höchsten und unumstößlichsten Ideale bestanden hat, und für das so viel Blut, so viel Kraft, so viele persönliche Gefühle und Leidenschaften geopfert worden sind ... aus dem Wörterbuch der Menschheit getilgt, und ist es die Idee der Sippe, die die der Ehe mit sich ins Grab genommen hat?
Wenn der heilige Christophorus dieser Betrachtungen zu mir persönlich käme und mich darüber befragte, würde ich mit Ja antworten.
Auf die Sippe, den Stamm, die Nation ist die Ehe gegründet,

und da der Gang der Entwicklung, da der Geist der modernen Zeit taten, was sie konnten, um diese Begriffe und all deren Werk und Wesen abzuschaffen, und ihnen schließlich, was sie sich an Ansehen und Eigentum angeeignet hatten, bis zum Boden unter ihren Füßen abluchsten, rissen sie das Fundament unter der Ehe mit sich fort. Es konnte dann nicht mehr lange dauern, bis sie fiel, und ihr Fall war tief.
Für eine Untersuchung über Begriff und Wesen der Sippe gibt es kein wirklich lebeniges Material mehr. Kein Mensch kann, wenn er sich damit beschäftigt, erwarten, Material für einen direkten Einfluß oder Hilfe für die Gegenwart zu finden, das ganze Unternehmen wird mehr zu dem: ins Museum gehen ... wo man wohl auch hoffen kann, durch Vertiefung in das Wesen entschwundener Zeiten gelegentlich etwas zu finden, was zum Verständnis der Gegenwart dienen oder indirekt in ihr genutzt werden kann.
Laßt uns also, um Klarheit darüber zu erlangen, in welchem Grad eine edle Sippenverbindung die Forderungen verwirklichte, die an die Ehe gestellt werden müssen, an einem ... Sarkophag stehenbleiben. An dem Sarkophag der Herzogin von Rohan, die, als sie ihr Kind erwartete, höhere Ehrenbezeigungen forderte, weil sie mit einem Rohan schwanger ging.
Man muß sich vorstellen, daß der Begriff Rohan sich im Bewußtsein festgesetzt hat, im Bewußtsein des ganzen Volkes ebenso wie in dem der beiden jungen Menschen, die um dieser Sippe willen eine Ehe eingehen. Sie vertritt hier gewisse bestimmte Eigenschaften: Mut, Königstreue, Großzügigkeit, Ritterlichkeit ... vielleicht auch solche, die gemeinhin nicht für verdienstvoll gehalten werden: Härte, Genußsucht oder mit roten Haaren und kleinen Augen ... das besagt nichts, diese Sippe ist ein Begriff, als solcher ist er

in die Geschichte des Landes eingegangen, ein Rohan ist mehr (oder weniger) als ein Mensch, er ist ein Rohan.

Auch in seiner eigenen Seele besteht kein Zweifel daran, daß diese Eigenschaft die höchste und bedeutsamste in seiner Persönlichkeit ist, ja, seine ganze Persönlichkeit dient ihr und bekommt Gewicht von ihr. Welche persönlichen Verdienste er immer haben kann, ... Schönheit, Begabung, Tapferkeit, ... sie haben ihren Wert, weil sie der Sippe Rohan von Nutzen sein oder Glanz auf sie werfen können. Der Rohan, der glaubt, durch seine persönliche Schönheit, Begabung, Tapferkeit etwas anderes oder mehr zu sein als ein Rohan, hat sich der Idee seiner Sippe entfremdet.

Deswegen kann der junge Herzog von Rohan, der sich verheiraten soll, viele Frauen aus allen Nationen, Glaubensbekenntnissen und Geistesrichtungen getroffen und geliebt haben ... es besteht trotzdem immer nicht nur ein Gradunterschied, sondern ein tiefer Wesensunterschied zwischen diesen Verhältnissen – und ihrer Rolle in seinem Leben – und seinem Verhältnis zu einer Ehefrau. Denn hier hat er geliebt, gesiegt, gelitten als junger, hübscher, begabter, tapferer, leidenschaftlicher Mann, aber er verheiratet sich in seiner Eigenschaft als Rohan, dem höchsten Begriff, den sein Leben kennt.

Die Verbindung, die durch seine Hochzeit geschaffen wird, ist kein persönliches Anliegen, hier gilt, daß »the woman (and man) of noble birth marries as the man of noble birth fights, on political and family grounds, not on personal ones«.

Die Persönlichkeit seiner Braut wird wie seine eigene beurteilt: nach ihrem Wert für die Sippe. Ihre Schönheit, ihr Verstand, ihre Tatkraft bekommen Bedeutung: sie ist die, die die Juwelen der Rohans tragen, in ihrem Hause die Honneurs machen, in schweren Zeiten den Familiennamen verteidigen soll. Vorausgesetzt, daß sie der Sippe Rohan nützlich ist oder Glanz über sie verbreitet, kann sie den Maßstab, an dem die übrige Welt sie mißt, leichtnehmen. Das junge Fräulein von Rohan, das mit dem Sohn des Herzogs von Guise, dem Herzog von Chevreuse, verheiratet wurde, war berühmt für seine Abenteuer und Intrigen, aber seine Begabung und sein Charme waren trotzdem Perlen, die mit Befriedigung zusammen mit der reichen Familiensammlung aufgefädelt wurden. Erzogen und erwählt für den Dienst an einer Idee, war sie eine Erwerbung von ungeheuer großem Wert für die Rohan-Sippe, kniend empfing sie mit ihrer Heirat eine Aufgabe und einen Namen, der wie ein Diadem auf ihrer Stirn saß.

Das Verhältnis zwischen den Ehegatten war kein persönliches Verhältnis, und sie konnten, streng genommen, einander nicht persönlich oder direkt glücklich machen oder enttäuschen, sondern sie mußten wechselseitig füreinander die größte Bedeutung durch das Verhältnis, in dem sie standen, und die Bedeutung, die es für sie hatte, nämlich ihre gemeinsame Lebensaufgabe, erhalten. Es konnte für den Herzog von Rohan niemals die Rede von einem wirklichen Vergleich zwischen seiner Ehefrau und anderen Frauen sein: sie konnten ⟨niemals⟩ so viel schöner, begabter und begehrenswerter sein, sie blieb doch die einzige Frau in der Welt, die einen Herzog von Rohan gebären konnte. Die Feste, die sie gab, waren die Feste der Rohans, die Armen, denen sie half, waren die Bauern und Armen der Rohans.

Selbst die Art und Weise ihrer wechselseitigen Gefühle mußte von der selben Idee her beurteilt werden: so wie eine innerliche Hingabe ein großer Wert für die Familie und eine Sicherung deren Glückes war, während eine heftige persönliche Leidenschaft zu einer Gefahr für sie werden konnte, ... sogar ihr intimes Zusammenleben erfolgte sozusagen im Dienst einer Idee.

Im Prinzip mußten wohl beide Ehepartner wohlwollend ihre Augen vor einem gewissen Versagen der Seite in der Natur ihres Ehepartners verschließen, die vom Herzen gesteuert wurde und die man »Gefühle« nannte, vorausgesetzt, daß es nie ein Versagen der Idee gegenüber war, die für sie beide als das Bedeutsamste und ideell Höchste in ihrem Leben dastand, aber es versteht sich von selbst, daß das unpersönliche Gewicht in dem Verhältnis meistens, zwischen anständigen Menschen, zu »cette douce amitié, cette tendre confiance, qui, jointes à l'estime, forment le véritable, le solide bonheur des mariages« ... führen wird (so wie die Heuchlerin Madame de Merteuil in einem Zeitalter, das den Respekt vor der Idee der Sippe verloren hatte und die persönliche Leidenschaft pflegte, mit hämischer Falschheit die Ehe beschreibt). Auf jeden Fall war ihnen beiden klar, daß das Verhältnis zwischen ihnen unauflöslich war – so wie ihr Verhältnis zum König oder zum Vaterland tief verwurzelt war –, ja, es dauerte über das Grab hinaus. In den künftigen Rohan-Sippen oder in der Geschichte der Sippe waren sie vereint. Vielleicht konnte einer von ihnen davon träumen, im Paradies einen anderen, geliebteren Geist wiederzusehen, aber im Sarkophag über ihrem Grab in der Rohan-Kapelle verweilten sie für immer zusammen in dem unvergänglichen Marmor.

Man kann schon sagen, daß dergleichen nur für eine sehr begrenzte Anzahl von Sippen Geltung hatte. Aber die Gegenwart einer Elite macht sich dem ganzen Volke bemerkbar. Der Glanz der Verbindungen der großen Sippen fiel

beständig auf das Hochzeitsritual, wo immer es vorgelesen wurde.
Er war auch nicht – wenngleich weniger prunkvoll – dort weniger inbrünstig, wo ein junger Pfarrer sich mit einer Pfarrerstochter verheiratete und zwei Familien sich vereinten, die Jahrhunderte lang mitgeholfen hatten, das Christentum des Landes zu stützen, oder wo eine alte Bauernsippe, die aufopfernd den geliebten Boden über Generationen bewahrt hatte, sich zu einer ausgesuchten und würdigen Hausmutter für Menschen und Tiere des Hofes verhalf, und zu einer Mutter und Großmutter für die, die mit erneutem Glauben die Arbeit dort aufnehmen sollten ... die höchsten weiblichen Würden, die sie sich vorstellen konnten. Mag es auch so sein, daß solche Begriffe wie weibliche Würde und die Heiligkeit der Ehe etwas abgenutzt wirken können, wenn man aus Morbihan kommt, so ist es doch gewiß, daß der Bauer auf dem Bakkegaard – solange der Respekt für die Sippe und die Idee des Eigentums groß und unbestritten waren – mit der Hausmutter auf dem Bakkegaard mit mehr Ernst und Andacht zu Bette ging, als er bezeugt haben könnte, wenn es selbst die Prinzessin des Landes gewesen wäre, die ihm die Ehre erwiesen hätte.
Ja, man kann sich ganz gut vorstellen, daß in einem Lande wie z. B. Deutschland während des Krieges etwas von diesem Glanze auf die Ehen einer ganzen Nation fallen konnte, und auf ihre Aufgabe: neue Deutsche zu schaffen und sie im wahren Glauben zu erziehen, ... oder daß in alten Zeiten, als das Menschengeschlecht seinem Selbstverständnis nach als Kinder Gottes im Kampfe gegen die Naturkräfte und das Böse stand, der selbe Glanz auf diese Aufgabe fallen konnte: die Erde zu bevölkern, ... und auf diese Weise sozusagen aus jedem Liebesverhältnis eine Ehe zu machen.

Aber heißt das nicht, zu viel vom Kandidaten Petersen zu verlangen, daß er etwas von ihrer Persönlichkeit und ihrem persönlichen Liebesverhältnis in seiner jungen Frau Petersen unabhängig symbolisiert finden solle, mit der er einmal an einem Vormittag im Rathaus gewesen war und mit der er eine Reihe wechselnder Wohnungen und Sommerwohnungen, Mühsal mit wechselnden »Mädchen« und Lieferanten, manche überflüssige und quälende Geselligkeit und ganz unpersönliche Wohltätigkeit teilt? Heißt das nicht, zu viel zu verlangen, ... nicht so sehr von seiner moralischen Stärke als von seiner Einbildungskraft, ... daß er einen Wesensunterschied zwischen dem Kind, das er vor seiner Hochzeit mit einer süßen, jungen Büroangestellten hatte, und seinen drei ehelichen Kindern, von denen er und seine Frau das dritte zu vermeiden hofften und suchten, sehen soll?

Die junge Frau Petersen gab ihre Jugend und Frische samt der Zeit und den Gaben, die sie früher, ... jetzt denkt sie manchmal: mit mehr Dank, ... ihrer Arbeit hingab, für das Vergnügen hin, mit Herrn Petersen zusammenzuleben und ein paar süße, kleine Babies zu haben, von denen sie hofft, daß sie fähig sein werden, sich auf die eine oder andere Weise durchs Leben zu schlagen. Wird das Vergnügen bisweilen zweifelhaft, dann wird das ganze Unternehmen ein wenig zweifelhaft.

Als ökonomische Spekulation – unter welchem Gesichtspunkt sie es übrigens nie betrachtet hat – war es von Beginn an zweifelhaft, denn sie hatte sich im Grunde freier und bessergestellt gefühlt, als sie Stenotypistin war, und wäre im Falle einer freien Verbindung mit dann nur einem Kind und dem gesetzlichen Zuschuß des Vaters richtig gut zurechtgekommen.

Sie bekam fraglos seinen Namen für ihre Kinder, aber sie war selbst eine geborene Petersen.
Es ist nicht verwunderlich, daß dieses junge Ehepaar an seine Verlobungszeit als die befriedigendste Periode seines Verhältnisses zurückdenkt, ... während diese Zeit für den Herzog und die Herzogin von Rohan über ihr Versprechen hinaus nicht den geringsten Inhalt hat.
Der Charme, den Herr und Frau Petersens Ehe hat, ist der Charme eines freien Verhältnisses, und er ist nicht auf eine höhere Ebene gehoben worden, sondern ist nur mit Gewichten von der Art versehen worden, die ein freies Liebesverhältnis, ein ausschließlich persönliches Verhältnis nur schwer tragen kann.
An dem Abend, am 1. Mai, als sie als jung Verlobte auf dem Motorrad an den Gribsee fuhren und am Strand ihre Zigaretten rauchten, während hinter ihnen im Buchenwald eine Nachtigall zu singen begann, während sie sich ein einziges Mal ganz allein auf der Welt fühlten und das Leben ihnen weder Vergangenheit noch Zukunft zu haben schien, ... da kamen sie sich selbst wie etwas Wirkliches vor und ihr Verhältnis wie etwas Wirkliches.
Hätten dieser Inhalt und diese Wirklichkeit nicht besser bewahrt werden können, und haben sie keinen Anlaß, Familie und Gesellschaft ... und sich selbst wehmütig vorwurfsvoll zu fragen: was das eigentlich ist und wozu das eigentlich gut sein soll, wofür sie das geopfert haben?
Aber die Zeit der Sippe ist vorbei und kann nicht zurückgerufen werden. Sie würde auch nicht gerufen werden, selbst wenn sich das machen ließe. Viele Generationen haben ihre Gedanken, ihre Kräfte darauf verwandt, sie zunichte zu machen. Wir lesen von den Werten, die ihre Idee mit sich gebracht haben kann, mit einer gewissen Wehmut, wie wir am

Schlosse von Chambord davon lesen, daß »the voitures de gala which were prepared in 1873 for the royal entrance of the comte de Chambord in Paris may be seen for 1 franc extra per person«.

Der heilige Christophorus muß sich von der Vergangenheit ab- und der Gegenwart oder Zukunft zuwenden.

X ... *setzt seine Wanderschaft fort*

Die Leute haben im allgemeinen eine ziemlich verworrene Vorstellung von dem Begriff: Wahrheit.

Manche Menschen verwenden die Wahrheit im negativen Sinne: der, der nicht lügt, sagt die Wahrheit. Sie gehen ins Grab, ohne jemals eine Lüge über die Lippen gebracht zu haben und ohne eine Idee davon zu haben, was Wahrheit ist.

Andere sind der Ansicht, daß man die Wahrheit am besten als eine Art geistigen oder Gefühls-Kommunismus anwendet. Der, der im Verhältnis zu einem anderen wahrhaftig sein will, darf nichts für sich selbst behalten, sondern muß alles hergeben und ebenso alles verlangen. Die volle Wahrheit kann nicht erreicht werden, ehe man des anderen Kindheitsverliebtheiten und Zahnschmerzen bis ins Detail kennt. Der wahrhaftige Freund, Sohn, Ehemann besitzt in seiner ganzen Seele nicht einen Winkel, den er sein eigen nennen kann, keinen Besitz, den er nicht gewissenhaft in der Kommune verteilt hat, und er empfindet eine Heimlichkeit nicht wie eine Süße in seiner Seele, sondern mit schlechtem Gewissen.

Diese Art der Wahrheitssuche wird vor allem zu Hause gepflegt, und die dänische Kunst, die aufs Ganze gesehen dieser Form von Wahrheit gehuldigt hat, hat sie in vielen hunderten von Interieurs verherrlicht: der Mann mit Pfeife oder einem Toddyglas vor sich, der liest, die großen Kinder, die ihre Schularbeiten machen, Milch und Tee trinken und ihre Butterbrote essen, die Frau, die das kleinste Kind nährt, alle um die selbe Lampe herum, während der Hund, auf dem Teppich ausgestreckt, das Seine zum intimen Duft des Heimes beiträgt.

Wenn die Heime sich außerdem noch mit einem Nimbus von Idealität umgeben, ja, sich selbst als den größten Schatz der Nation einschätzen, dann vielleicht, weil sie sich als Träger dieser besonderen Art von Wahrheit fühlen, ... die mit der Art von Wahrheitsliebe und dem Drang zu wirklicher Intimität zusammengehört, die in alten Zeiten die kleinen »Häuser« so niedlich mit einer Reihe Sesseln, einer neben dem anderen, einrichteten, wo eine Versammlung guter Freunde die gemeinsamen Angelegenheiten in Ruhe und Frieden diskutieren konnte.

Sie erklären diese Wahrheitsliebe zu einer ihrer achtenswertesten Eigenschaften und behaupten, es sei eines der Verderben des freien Verhältnisses, daß die Liebhaberin in ihm ihre Gaben und ihre Anziehung nutzt, um den Liebhaber festzuhalten, und auch dazu gezwungen ist (oje, oje, diese armen, ältlichen Liebhaberinnen – *Zitat*), anstatt sich vor ihm in ihrer ganzen Wahrheit zu zeigen, so wie sie könnte, wenn sie eine rechtmäßige Ehefrau mit dem Gesetz auf ihrer Seite wäre, sodaß sie keine Angst zu haben brauchte, gewogen und zu leicht befunden zu werden.

Manche angetrauten Frauen rufen sich dieses Glaubensbekenntnis in die Erinnerung zurück, weil man in ihren Heimen nicht vermeiden kann, an die für den Ehemann beinahe himmlische Veränderung zu denken, der sie unterworfen wären, wenn es ihnen plötzlich aufginge, daß sie nicht fest im Sattel säßen, sondern bestimmte Anstrengungen machen müßten, um sich in ihm zu halten.

In Wirklichkeit ist ein langes tägliches Zusammenleben gewiß ein gefährlicher Ort, eine solche Wahrheit und Intimität zu pflegen, und es läßt sich einiges für die alte Regel anbringen, daß »la chemise est jetée pour l'amant, mais gardée pour le mari«.

Ein Paar Liebender kann und muß das letzte Kleidungsstück abwerfen, weil es sich nur rein und schön und zur Liebe geneigt trifft. Aber ein noch so verliebtes Paar, das willens ist, sein Zusammensein das ganze Leben lang fortzusetzen, müßte bedenken, daß in einer so langen Zeit früher oder später Umstände eintreffen, die es ratsam erscheinen lassen, ein gewisses Minimum an Kleidung anzubehalten, und daß es kein sonderlich anziehender Augenblick ist, wenn die Verhältnisse sie dazu zwingen, sich wieder anzuziehen ... Es ist leichter, die Wahrheit und Offenheit in einem Verhältnis zu vergrößern, als sie einzuschränken, wo sie Eingang gefunden hat, und der Geist, der die Eheleute in alten Zeiten »Sie« zueinander sagen ließ, wirkte noch bisweilen wie diese kühle Atmosphäre, in der Waren sich halten und nicht so leicht verderben.

Das Leben ist beschwerlich, wenn man, wie gesagt wird, schlecht gebettet ist, und in alten Zeiten waren, wie König Frederik VI. erfahren mußte, zu Hause »die Kissen von der Wiege an hart«. Aber von einem geistig-hygienischen Standpunkt aus betrachtet, hatte das doch seine guten Seiten. Die Heime, in denen die Jugend der Gegenwart auf das Leben vorbereitet wurde und denen es an jeder Idee überhaupt mangelt, vom Dogma der Heiligkeit des Heims an sich einmal abgesehen, konnten mit einem guten, weichen Bett verglichen werden. Es läßt sich ja auch nicht leugnen, daß viel dafür spricht, denn es gibt dem Müden Ruhe und mindert die Qualen der Kranken und Überanstrengten. Aber man soll es nicht idealisieren, vielmehr kann man sagen, daß es um so besser ist, je kürzer man sich, ohne Schaden zu nehmen, in ihm aufhalten kann. Genauso wenig soll man das Verlangen nach ihm idealisieren, wenn man auch mit ihm sympathisieren kann, denn das Heimweh, das Kinder, die dort mit Selbstmitleid vergiftet worden sind, fühlen und erleiden, ist oft mit dem Verlangen eines verzärtelten Menschen nach seinem guten, weichen Bett vergleichbar. Zuallerletzt darf man es idealisieren, gesunde Menschen, die gerne aufstehen möchten, gegen deren Wunsch im Bett zu halten, ... und wie oft ist es nicht gerade das, was die Heime ihren Kindern und Jungen gegenüber tun und idealisieren?

Wie oft überfällt einen nicht beim Eintreten in eines dieser idealisierten Heime moralisch und intellektuell das selbe Gefühl, das einem physisch in einem überfüllten Coupé oder Wartesaal, in dem die Fenster geschlossen sind, begegnet: die Luft ist verbraucht.

Was man einatmet, sind die harmonisch vermischten Ausatmungen der Versammlung, wie staubgewordene Scherze, die frisch waren, als der Familienvater ein Junge war, und der Geist seiner Lieblingsbücher, die der jungen Generation in den Mund gestopft werden wie unendlich alte Kuchen, die unmöglich noch verdaut werden oder zur Nahrung dienen können.

Da sind viele stolze Männer zu Milchgesichtern geworden, und viele junge, schöne Frauen endeten mit ihren Familien in einem gegenseitigen geistigen Kannibalismus, der kaum die Knochen von ihnen allen übriggelassen hat ... oder Eltern und Kinder haben auf die gleiche Weise gelitten, zu der es kommen würde, wenn eine Mutter nicht aufhörte, ihre großen Kinder an die Brust zu legen, und weinend dem gegenüberträte, der den einen oder anderen Partner davor erretten wollte, entweder aufgezehrt oder unterernährt zu werden, und sich dann auf die Heiligkeit der Muttermilch beriefe.

Wo selbstgerechte Menschen in einem Heim zusammenleben, das von überhaupt keiner Idee – vom Dogma der Heiligkeit des Heims abgesehen – gestützt wird, wird ihre Selbstgerechtigkeit nicht nur addiert, sondern multipliziert. Sie enden damit, daß sie »become persuaded even unto unconsciousness that no one can even dwell under their roof without deep cause for thankfullness. Their children, their servants, ... must be fortunate ipso facto that they are theirs ... « Die moralische Würdigung anderer Menschen endet dort damit, daß sie ausschließlich im Verhältnis zu deren Würdigung dieses heiligen Heims und dieser heiligen Gemeinschaft, die in ihm lebt, entschieden wird: d.h. daß die, die erkennen, daß Mama wunderbar, Papa einzigartig und Bøgely der schönste Fleck auf der Erde ist, nette Leute sind; die anderen sind entweder dumm oder widerlich, oder man rechnet überhaupt nicht mit ihnen als Menschen und beschäftigt sich nicht mit ihrer Existenz.

Als Vorbereitung aufs Leben gleichen diese heiligen Heime der Tanzschule in »Emmeline«, wo die jungen Mädchen die Menuettschritte auf folgende Weise lernten: »3 chassés auf den Spiegel zu, ein pas de basque vor der Konsole ...« Die Kinder aus Bøgely haben keine Ahnung, wie sie sich bewegen oder wie sie handeln oder sich benehmen sollen, es sei denn innerhalb der geistigen und materiellen Mauern Bøgelys, und denken deswegen aus gutem Grund zurück an Bøgely als die einzige Stelle, wo sie leben und zu ihrem Recht kommen konnten ... und die Eltern in Bøgely sind stolz darauf und gerührt darüber.

Wenn eine Institution an sich, ohne eine Idee und ohne Begründung, für heilig erklärt wird, ist es in Wahrheit Zeit, die Augen aufzumachen und ein unvoreingenommenes Urteil vorzubereiten. Kommt nur her, ihr Heime, die ihr fordert, daß persönliches Verlangen und Leidenschaft um eurer

Heiligkeit willen hingeopfert werden sollen, seid ein einziges Mal ehrlich und beruft euch nicht auf die einzelnen idealen Heime (mehr als die einzelnen heiligen Päpste für des Papstes oder des Papsttums Unfehlbarkeit an sich ins Feld führen können), sondern belehrt uns, worin sie besteht.
Daß ihr keine Träger von Geist oder Kunst gewesen seid, daß ihr keine Herde für das heilige Feuer gewesen seid, das sei euch von vornherein zugestanden, denn dazu wart ihr nicht fähig. Aber nicht, daß ihr eifervoll jedes Streben danach ausgeschlossen und verurteilt habt, weil es jenseits eures Gesichtskreises lag und euch selbst in den Schatten stellen könnte ... wie auch solche Freundschaften und Schwärmereien bei euren Kindern und Jungen, die euch vorkamen wie Ketzereien gegen eure heilige Orthodoxie.
Ach, habt ihr euch nicht oft damit zufriedengegeben, keine andere Art von Liebe zu pflegen als die, die mit dem Dankefürs-Essen-Kuß ausgedrückt wird, mit dem »Mann und Frau sich statt mit einer Serviette den Mund abwischen«, keine andere Art von Sympathie als die, mit der alte Eltern, die sich gern auszeichnen und bewundern lassen, ihre Kinder dazu zwingen oder daran gewöhnen, unter ihrer Anleitung idiotischere Spiele zu spielen, als sie sich selbst ausdenken könnten, und somit gesunde Kinder überreden, wieder kindisch zu werden – keine andere Entwicklung als ein Treten auf der Stelle, keine andere Mission als Selbstvergottung. Sondern nur die Propheten und Agenten der heiligen Ehe auf die Weise zu sein, daß die Hälfte der neuen Ehen zustande kam, weil die Braut »weg von zu Hause« wollte.
Leute, die ins Theater gehen, erwarten doch, entweder etwas Lustiges oder etwas Ergreifendes oder etwas Rührendes zu hören, und im Gesellschaftsleben versuchen doch die Anständigeren unter den Gastgebern und Gästen, auf ihrem

höchsten intellektuellen Standpunkt zu stehen, ... nur im häuslichen Leben setzt sich eine Versammlung von Menschen hin, jeder mit seinem Buch oder seiner Zeitung oder Patience, und vergähnt die Zeit, bis man ins Bett kann, und nennt dieses Gähnen einen heiligen Ritus.
Daß die Heiligkeit des Heims bei einer Abstimmung immer noch viele pietätsvolle Stimmen für sich verbuchen könnte, bedeutet nichts, denn eine dekretierte Heiligkeit ohne Idee und ohne Begründung ist von besonderer Zählebigkeit. Als Ewald schrieb:

> O Jammer, so trage, Norden,
> deinen größten Schatz zur Erde ...

sang er aus einem aufrichtigen Herzen und fand ein aufrichtiges Echo im Herzen des Volkes. Vielleicht können die Leute mit ihrer Trauer um die Heiligkeit des Heims fertig werden, so wie sie seinerzeit mit ihrer Trauer um Frederik V. fertig wurden.

XI Intermezzo

Es steht in der Edda, daß, wenn die Welt untergegangen ist im Ragnarök, die Asen auf dem Idafeld die goldenen Würfel im Grase finden werden, mit denen sie am Morgen der Zeiten spielten.
Es erschien den alten Nordländern, die in stetem Kampf mit der harten Notwendigkeit, mit Wind und Wetter, Kälte und Mißwuchs, in blutigem Streit nach außen und innen, mit Unsicherheit und Ungemach in allen Verhältnissen standen, ... so, als ob das vollkommene Glück, das schließlich und endlich ihrem Denken zufolge aus all dem entstehen konnte und ewig währen sollte, dieses war: spielen.
Und es ist vielleicht die selbe Vorstellung von der Seligkeit als einem in alle Ewigkeit fortgesetzten Spiel, die das Wort, daß niemand ins Himmelreich kommen wird, wenn er nicht wird wie ein Kind, so beliebt in allen Schichten des Volkes gemacht hat.
Hier wird nicht an so ein Spiel gedacht, in dem die, die spielen, den ganzen Inhalt aus ihrer eigenen Phantasie heraus mitteilen, indem sie sich eine Gefahr oder ein Ziel vorstellen oder sich einbilden, ... denn das würde die Anwesenheit von oder die Erinnerung an andere .»ernste« Verhältnisse voraussetzen und könnte unmöglich das Spiel nach dem Ragnarök werden, ... aber ein solches Spiel, das an seiner eigenen Anmut oder Kühnheit Genüge findet, sich aber vom Erdenleben unterscheidet (und dem ähnlich ist, was man sich im allgemeinen als einen mehr himmlischen Zustand vorstellt), dadurch nämlich, daß es nicht der Strenge der Notwendigkeit unterworfen ist, sondern seinen eigenen göttlichen und geistigen Gesetzen, und dadurch, daß ein

Geist der Güte und der Eintracht bei allen Teilnehmern und in allen Wechselfällen vorausgesetzt wird.

Im Altdänischen und den meisten anderen Sprachen wird das selbe Wort verwendet, wenn vom Spiele Spielen oder vom Spielen eines Instruments, vom Karten- oder Theaterspielen oder vom Tanzen gesprochen wird, wofür die selben Regeln gelten, oder z. B. in alten Zeiten von den Turnieren, die nicht weniger gefährlich waren als der wirkliche Krieg und die keine geringere Möglichkeit boten, Kühnheit und Todesverachtung zu beweisen, sondern für die Regeln gewählt wurden, von denen die Ritterschaft selbst wünschen konnte, daß sie für den Krieg gälten, und in denen kein wirklicher Haß oder keine wirkliche Feindschaft gefunden werden sollte.

Man könnte sich denken, daß es dahin kommen könnte, daß in dem Maße, in dem der Menschheit das strenge Joch der »féroce necessité, maitresse des hommes et des dieux« erleichtert wird –, alle Lebenserscheinungen auf diese Weise betrachtet oder verstanden werden könnten und daß dann die Liebe zwischen Mann und Frau als das schönste und kühnste, als des Lebens bestes Spiel erscheinen wird.

Wie das dann sein würde, unter solchen Verhältnissen zu leben, kann man nicht sagen, denn es ist noch nie versucht worden, das zu verwirklichen, ... es war nicht möglich, denn viel zu viele Kräfte standen dagegen: die Furcht vor dem Himmelreich und der Hölle auf der einen Seite und allzu große Unsicherheit in allen irdischen Verhältnissen auf der anderen – der »Ernst« könnte hingegen mit Recht so ein Spiel als allzu gefährlich und leichtsinnnig ansehen und es ganz allgemein sündhaft nennen.

Während des Versuchs der Damen und Liebhaber in der Ritterzeit, dieses Spiel im Leben zu verwirklichen, blühte manche Liebespoesie und Liebeskunst auf – ja, das meiste vielleicht von der Anmut, mit der die Liebe umgeben wird, auf dessen Boden wir noch heute leben –, aber ihm stand in den rauhen und wilden und unsicheren Jahrhunderten allzuviel entgegen, als daß es wirklich wahr hätte werden können, ... und gerade als König Franz I. »tous les lois du jeu divin« zu kennen glaubte, kam von der anderen Seite des Atlantiks ein unheimlicher Schatten, der dem ganzen Spiel für König Franz selbst ein Ende setzte. Das 18. Jahrhundert erreichte eine gewisse Vollkommenheit in seinem Spiel mit diesem »Stoff der Natur, den die Einbildungskraft bestickt hat« und kannte »eine Harmonie zwischen Wunsch und Befriedigung, die das moderne Schmachten niemals erreicht«, ... aber es konnte nur von einem kleinen, bevorzugten Teil der Gesellschaft gespielt werden, und der Schatten von den harten Bedingungen und Kämpfen der großen Massen erhob sich gegen es, und es verschwand in ihnen.

Man kann durchaus sagen, daß es in der Gegenwart diese beiden Schatten sind – zusammen mit dem schweren Schatten der Verantwortung für das Wohl und Wehe des kommenden Geschlechts, der sich völlig willkürlich und schicksalsschwanger in das Leben der Liebe einzumischen scheint –, die, da der Schatten der Höllenfurcht geschrumpft ist und geringer geworden ist, vor allem anderen das Leben für das Spiel der Liebe verdunkelt und aus ihm meistens bitteren Ernst gemacht haben: der Teufel selbst, Krankheit, Nahrungssorge und uncontrolled births waren zu schwere Lasten, als daß die Menschheit jemals das hätte verwirklichen können: die Liebe in ihrem Leben so zu sehen wie z. B. die Kunst, nämlich als das höchste »delight«.

Mit so viel ernstem Risiko vor Augen konnte es schon so erscheinen – wie es im allgemeinen auch dargestellt worden ist –, als ob der, der im Liebesverhältnis ernst war, stets dem gegenüber recht haben mußte, für den es ein Spiel war. Sobald der eine sein: »du hast mit mir gespielt« herausschleudern konnte, stand der andere im moralischen Bewußtsein ohne Antwort da.

Aber allmählich, da es ja so aussieht, als könnten sich diese Schatten einer nach dem andern heben, kann man sich vorstellen, daß der Augenblick kommt, in dem der solcherart Angeklagte freimütig wird antworten können: »Ja, ich habe mit dir gespielt, weil die extremste Seite meines Wesens sich im Spiel entfaltet und weil das Spiel heilig ist. Aber du, du armer Feigling, du warst engherzig und unbeweglichen Geistes, du warst unfähig zu spielen. Gib dich ans Arbeiten oder Predigen und laß die Finger von der Liebe, denn was die angeht, bist du so, wie ein Mensch ohne musikalischen Sinn bei Musik ist, oder wie einer, der Angst davor hat, betrunken zu werden, dort, wo man Wein trinkt.«

Wenn man gerecht sein will, muß man sicherlich sagen, daß die Männer zu allen Zeiten bewußt oder unbewußt diesen Standpunkt zu vertreten versucht haben und daß es vorzugsweise die Frauen gewesen sind, die den Ernst im Auge gehabt und behalten haben, wo sie nur konnten. Für die meisten Männergenerationen vergangener Zeiten – deren Auffassung dieser Dinge nicht vollkommen von deren Frauen bestimmt worden ist – ist ihr Wirken, ist der Krieg, sind die Ideen, ist die Familie Ernst gewesen, die Liebe aber des Lebens Lust und Spiel.

Aber die Partien sind ungleich gewesen und die Frauen nicht so gestellt, daß sie spielen konnten, selbst wo sie eine Anlage dazu hatten. Das war eben noch möglich in den Gesellschaften und Zeiten, in denen die Ehe eine Angelegenheit des Stammes, der Sippe oder der Gesellschaft war und von diesen geregelt wurde – dort wurde für die Frau auf die selbe Weise die Familie, das Heim und das Wirken in ihm zum Ernst des Lebens, und die Liebe an sich fiel nicht darunter, ... so wie es sich mit diesen Dingen noch immer bei den altmodischen Gesellschaften der lateinischen Völker oder z. B. bei den Arabern verhält, von denen die Kreuzzugsritter ihre ersten Ideen über die Liebe als eine Kunst und ein Spiel erhalten haben sollen.

Aber dort, wo die ganze Zukunft, die Stellung, ja überhaupt das Leben der Frauen durch deren Liebesverhältnis auf eine ganz andere Weise bestimmt wurde, als es bei ihren Männern der Fall war – so wie z. B. in England und Nordeuropa in den letzten hundert Jahren –, dort hieß es viel verlangen, daß sie einen Sinn für das Spiel haben sollten. Zarathustra konnte ihnen leicht vorhalten, daß: »im echten Mann ein Kind versteckt ist: das will spielen. Auf, ihr Frauen, so entdeckt mir doch das Kind im Manne!« – das war eine bedenkliche Sache für die, die wußte, daß ihr eigenes und ihres Kindes ganzes Leben, Wohlfahrt und Eigentum von diesem Kinde abhing.

Und durch alle Zeiten und Gesellschaften hindurch mußte das, was eine Frau in einem Liebesverhältnis physisch einsetzte, ob sie sozusagen wollte oder nicht, dieses Verhältnis für sie zu einer höchst ernsten Affäre machen.

Viele, viele Liebesverhältnisse und Ehen sind durch dieses ungleiche Verhältnis durch alle Zeiten hindurch verbittert und verringert worden.

Rein praktisch konnte sich das so ordnen lassen, daß die Männer sich sozusagen die zwei Seiten der weiblichen Persönlichkeit teilten, und »Ehefrauen hatten, um unser Haus zu führen und uns eheliche Kinder zu gebären, ... und He-

tären, um uns die Lust der Liebe kennenlernen zu lassen«.
So konnte es vielleicht auch recht gut eingerichtet erscheinen, sogar für die Frauen selbst, die sich ja im allgemeinen je nach ihrer Anlage dafür entschieden hatten, entweder Freudenmädchen oder Kindermädchen zu werden – und man kann sagen, wenn die Männer auch nur einen Funken Vernunft gehabt hätten, hätten sie alles daran gesetzt, diesen Zustand der Dinge aufrechtzuerhalten.
Aber fast jede Sklaverei in der Welt ist – wenn auch nicht immer bewußt – von oben aufgehoben worden. Denn der Sklavenbesitzer ist nicht befriedigt, sondern verlangt Sklaven mit Verantwortungsgefühl oder Hausfrauen, die für ihn singen und seine Freunde unterhalten können, oder Liebhaberinnen, mit denen er über seine Geschäfte reden kann. Abgesehen von den primitivsten Naturen fand der Durchschnitt der Männer vermutlich weder, daß ihr Haus so geführt wurde, wie sie sich wünschen konnten, noch daß die Freuden der Liebe, in denen sie unterwiesen wurden, sie auf die Dauer glücklich machten, noch daß Schönheit oder Begabung ihrer Kinder das war, was sie sich erhofft hatten. Und dadurch entstand ganz langsam das Phänomen, das im vorigen Jahrhundert Gestalt annahm und Anstoß in der Welt erregte und das die emanzipierte Frau genannt wurde.
Sie erschien in einer ernsten Zeit und war daher gezwungen, mit Ernst aufzutreten, um ernstgenommen zu werden. Vielleicht ist es auch für den Befreiten am schwersten, sich von einem in Jahrhunderten eingeübten Instinkt zu befreien. Die jungen befreiten Frauen waren bereit, Härte gegen Härte zu setzen, denn jetzt war der Augenblick gekommen, in dem die ganze Welt von der schwergeprüften Moral

der Frauen geprägt werden sollte. Die Liebesideale der Männer hatten ihr zu ihrer Zeit viel Böses und wenig Gutes angetan, und jetzt, wo sie kein Liebesspielzeug mehr war, sondern ein Kamerad bei der Arbeit und beim Kampf, jetzt sollte auch die Liebe, ob sie nun frei oder gebunden war, zuallererst wirklich ernst genommen werden.
Aber die Macht des Verhältnisses veränderte sie selbst, bevor sie ihr Programm verändert hatte. In der Luft der Freiheit gelang es ihr selbst im Lauf von ein paar Generationen, alles leichter zu nehmen. Ihre Enkeltöchter sind jetzt, in den Jahren nach dem Kriege, geistig und physisch unabhängig und die Spielgefährten ihrer Männer.
Ganz sicher beim Spielen sind sie bestimmt noch nicht. Die Regel bei allen Spielen, daß keiner »lose his temper« darf, sondern der Verlierende und der Gewinnende einander ohne Groll die Hand reichen sollen, wird von beiden Seiten noch heutzutage durch Kratzen und Fauchen ein wenig verletzt. Um die nächste junge Generation zu erziehen, wäre vielleicht so eine Art Liebeshof und Schule nötig, wie in den alten Tagen die der Gräfin von Provence, wo die Jugend Disziplin in Liebesangelegenheiten lernte und eingeübt wurde in die Anmut, die Kühnheit und die Verfeinerung der Liebe.
Es wird nicht wenig von dem verlangt, der wirklich spielen können soll. Mut und Phantasie, Humor und Intelligenz, ... aber besonders die Mischung von Selbstlosigkeit, Generosität, Selbstbeherrschung und Anmut, die »gentilezza« genannt wird ... Ach, die ist im Liebesverhältnis so selten gefordert und geübt worden. Es gibt so viele ausgezeichnete Männer und Frauen, die sie sich selbst in ihrem Verhältnis zu ihrer Umgebung und ihren Untergebenen abverlangt haben, aber in ihren Ehen der Ansicht waren, jedes

denkbare Recht zu haben, eigennützig, unbeherrscht, eifersüchtig zu sein, ... denn wo es um die Liebe ging, war sie kein wirkliches Ideal.
Und doch ist es der unverfälschte Geist des Spiels, die wahre gentilezza, die am meisten in den Liebesverhältnissen der Menschen gebraucht wird und die, sobald sie Eingang erhält, die größte Macht hat, sie zu idealisieren, ... ob ihnen nun bestimmt ist, einen Tag oder für Zeit und Ewigkeit zu währen.
Es wird gegen die, die das Spiel lieben, beständig vorgebracht, daß sie oberflächlich seien ... und nicht am wenigsten, wo es um die Liebe geht.
»Ja«, können sie darauf antworten, »wir sind ebenso oberflächlich wie ein Schiff, das über ein Meer fährt. Wir sehen keinen Vorteil darin, auf den Grund zu stoßen; man könnte das höchstens Stranden nennen.«
Die gewaltsamen Leidenschaften, die sich selbst so »ernst« nehmen, können keinen glatten Verlauf haben. Das Leben, das sie schaffen, gleicht dem des Pendels, und sie haben Reaktionen, ja die reine Ohnmacht zur Folge.
Aber ein Spiel kann man sich bis in alle Ewigkeit fortgesetzt denken, so wie das Spiel der Asen auf dem Idafeld, ... so wie Shelley sich im »Entfesselten Prometheus« vorstellt, daß, wenn die ungeheuren Leiden der Menschheit an ihr Ende gekommen und die tyrannischen Mächte von Demogorgon in den Abgrund gestürzt sind, alle menschlichen Leidenschaften

    ... auf dem Lebensfelde
sich wie zahme, schöne Tiere tummeln solln und spielen.

XII Das schwere Kind. Eine Phantasie

König Ludwig XVI. schrieb in sein Tagebuch: »14. 7. 1789: Nichts« – und es ist sehr wohl möglich, daß Pilatus, wenn er Tagebuch führte, am Karfreitagabend in seins geschrieben haben kann: »Nichts. Ein leichter Erdstoß kurz vor Mittag.« ... Ja, Gott helfe uns, so führen wir alle Tagebuch, denn um übersehen zu können, was einem genau vor der Nase liegt, bedarf es einer ungewöhnlichen Überlegenheit.
Auf diese Weise werden vielleicht die Geschichtschreiber der Menschheit Buch über die ersten 25 Jahre des 20. Jahrhunderts führen und aufzeichnen: »Flugzeuge, der Große Krieg, Revolutionen und Bolschewismus«, und nicht wissen, daß eine Idee das Tageslicht erblickt hat, aus der ganz andere Revolutionen erwachsen werden, eine neue Religion begründet oder befolgt worden ist, ... und nicht in ihrer Geschichte niederschreiben: »In diesen Jahren geschah es, daß der Gedanke der birth control und der Eugenik zuerst aufkam und befestigt wurde.«
Es ist unangenehm, daran zu denken, daß es wirklich oft so vor sich geht, es ist unangenehm, sich den braven König Ludwig vorzustellen, wie er sich in seinem Schlafgemach in Versailles hinsetzt, richtig nachdenkt und seinen kleinen Satz niederschreibt und nicht spürt, daß von diesem Tage an der Boden unter seinen Füßen und sein dicker, gepuderter Kopf auf seinem Halse wackelte. Es ist unangenehm, darüber nachzudenken, daß wir jetzt kleine Scharmützel darüber haben, inwiefern die Diskussion über »birth-control« anständig ist oder nicht, und daß deren Idee hier und da und überall in Bewußtsein und Gedankengang der normalen

jungen Menschen eingeht und in den Familien mit einem Seufzer der Erleichterung als ein Geschenk, eine einzige Gnade unter den schwierigen Umständen des Daseins empfangen wird, während es sich in Wirklichkeit vielleicht so verhält, daß der Menschheit damit eine ungeheure Forderung gestellt worden ist, von der sie sich in aller Ewigkeit nicht mehr befreien kann, daß eine große Last auf unsere Schultern gelegt worden ist.

Als der heilige Christophorus lange Zeit vergebens den gesucht hatte, der stärker war als er selbst und dem er dienen konnte, gab er sich schließlich der Arbeit hin, Reisende über einen Fluß zu tragen. Eines Tages bat ein kleines Kind ihn darum, hinübergetragen zu werden, und Reprobus nahm es auf die Schultern, aber sobald sie ins Wasser kamen, wurde das Kind schwerer und schwerer, und als sie halbwegs drüben waren, schwankte er unter dem Gewicht und wandte sich an das Kind, um ihm vorzuwerfen, daß es sein Leben in Gefahr bringe. Da sprach das Kind und sagte: »Erschrick nicht, Reprobus, über mein Gewicht, denn du trägst auf deinen Schultern den, der die Welt erschaffen hat und sie erhält.«

Ob das Reprobus tatsächlich beruhigte, kann man ja nicht wissen, man sollte annehmen, daß er auf keine Weise eine Auskunft hätte bekommen können, die ihn, in dem Augenblick, als er mitten im Flusse wankte, mehr hätte erschrecken können. Aber auf jeden Fall war damit seine Suche beendet, und er hatte den gefunden, der stark genug für ihn war, und dem er aus ganzem Herzen dienen konnte.

Um nun auf das Problem der Liebe und auf die Idealität der Liebe und des Liebesverhältnisses zurückzukommen, so ist es der zusammengefaßte Sinn aller dieser Betrachtungen, daß ein Liebesverhältnis ideal in dem Maße ist, in dem die

Individuen es als verbunden mit und geprägt von ihren höchsten Idealen empfinden.
Deswegen waren, als Stamm und Familie das Höchste im Dasein waren, die Liebesverhältnisse die idealen, die dem Stamm und der Familie dienten, d. h. die gesetzmäßigen Ehen, in denen die Hausfrau einem Mann viele Kinder gebar, waren es.
Deswegen war, damals als eine bestimmte religiöse Verehrung, als die Kirche und das zukünftige andere Leben im Paradies die höchsten Ideale des Lebens waren (obgleich alle irdischen Verhältnisse an sich zweifelhaft waren), das von der Kirche gesegnete, unter dem Geist und der Zucht der Kirche vollkommene Liebesverhältnis das idealste.
(Aber es ist heuchlerisch, oberflächlich und unmoralisch, es ist überhaupt ein schiefes und unbilliges Verhalten, ein Liebesverhältnis mit Regeln und Formen der Ideale zu idealisieren, die keine Ideale mehr sind und kein wirkliches Leben mehr haben. Sie sind Salz, das seine Kraft verloren hat, und wie sehr die Orthodoxie auch guten Glaubens mit ihm salzt, sie verhindern keine Verwesung.)
Deswegen sind für einen Künstler, für den seine Kunst das Höchste ist, das Liebesverhältnis und die Liebhaberin, die ihn zu ihr inspirieren, groß und edel, aber die Verhältnisse unideal, unter deren Einfluß seine Kunst geringer wird.
Deswegen hat für die jetzt lebende junge Generation, die vor allem Wert auf den Individualismus legt, die die Liebe als das Höchste im Menschenleben einschätzt und deren Ideale – wenn sie welche hat – Freiheit und Schönheit sind, jedes Liebesverhältnis, das frei und schön vollzogen werden kann und in dem die Persönlichkeiten einander verstehen, helfen und erfreuen können, alle Möglichkeiten, als ideal an sich, ohne Licht von außerhalb, dazustehen.

Deswegen wird, wenn sich die Menschheit ernsthaft auf die Eugenik einläßt, die Liebe als Ideal beurteilt werden in dem Maße, in dem sie an ihr mitwirkt.

Sie wird dann wirklich den Stärkeren gefunden haben, dem sie mit Enthusiasmus dienen kann und der nicht wie der König von Kanaan den Teufel fürchtete oder wie der Teufel selbst das Kreuz fürchtet. Sie wird, mitten im Fluß, aus dem Bewußtsein ihrer gewaltigen Bedeutung und ihres Ausmaßes die Kraft beziehen, ihre Last zu tragen.

Die Menschen haben durch die Zeiten hindurch beständig danach gestrebt, ihren Horizont, die Grenzen ihrer Zusammengehörigkeit und ihres Interesses zu erweitern. Aus dem Heim, der Familie und dem Stamm wurden die Klasse und die Nation. Jetzt, wo der Begriff, der Vaterlandsliebe genannt wird, noch keine hundert Jahre alt ist, haben sie jedenfalls Mut und Phantasie, den ungeheuren Schritt zu tun, die Rasse, die Menschheit überhaupt, mit dem selben Verantwortungsgefühl, der selben brennenden Lust zu dienen, zu umfassen.

Und es wird ihnen gelingen, ihren Horizont zu erweitern, auch was die Zeit betrifft. Es wird ihnen gelingen, mit einem ganz anderen Maßstab für Zeitlichkeit und Ewigkeit zu rechnen.

Vergangenheit wie Zukunft sind, an sich unbegrenzt, in der Sippe und Rasse im Einzelnen und im Augenblick anwesend. Tausend Geschlechter haben Blut in das einzelne Individuum gemischt, und der Einzelne kann in kommenden Geschlechtern seinen Einfluß auf das Leben der Rasse tausend Jahre in die Zukunft hinein verlängern.

Selbstverständlich wird ein Mensch, wenn das Empfinden für die Zusammengehörigkeit, die rassische Einheit einmal ins Bewußtsein der Menschheit eingegangen ist, viel mehr nach seiner Abstammung und seinem »Blut« beurteilt werden als bisher, ... wie es mit den einzelnen Individuen der Tierrassen geschieht, an denen die Menschen wirklich eine fortgesetzte und durchgesetzte »Veredlung« vorgenommen haben.

Man sagt ja manchmal, daß es drei Generationen dauert, einen »gentleman« zu produzieren, und gegen diese sehr geringe Forderung wird von anderen Seiten eingewendet, daß erst zehn oder zwanzig Jahre Erziehung am einzelnen hinreichen. Künftige Geschlechter werden vermutlich mit ganz anderen Zeiträumen rechnen, mit zehn, zwanzig, fünfzig Generationen für den gentleman, und die Leute im allgemeinen werden nach Begebenheiten und Verhältnissen, die viele Menschenalter vor ihrer Geburt stattgefunden und existiert haben, beurteilt werden. Es wird allgemein anerkannt werden, daß, wie Samuel Butler schon vor 50 Jahren schrieb: »if a man is to enter the Kingdom of Heaven he must do so, not only as a little child, but as a little embryo, or rather as a little zoosperm – and not only this, but as one that has come of zoosperms which have entered into the Kingdom of Heaven before him for many generations ... postnatal accidents are not, as a rule, so permanent in their effect ...« ... oder, um einen anderen englischen Schriftsteller zu zitieren, daß die Menschheit einen großen Irrtum damit begangen hat: »to seize on a certain moment, no more intrinsically notable than any other moment, and have called it birth. The habit of honouring one single instant of the universal process to the disadvantage of all other instants has done more, perhaps, than anything to obfuscate the crystal clearness of the fundamental flux.«

Um eine solche Lebensanschauung zu verwirklichen, bedarf es keiner Gesetze und Anordnungen. Sie werden auf

die selbe Weise wie die jetzt geltenden moralischen Gesetze ins Bewußtsein eingehen, und kein anständiger Mensch wird sie umgehen können.
Bis zu gewissem Grade existiert natürlich jetzt schon ein solches Verantwortungsgefühl für die Wohlfahrt des Geschlechts, aber solange all dieser ganze alte Aberglaube über die Ehe und äußerliche Gesetze sich erhielt, war das Ganze in einer schönen Unordnung. Das Unmoralische darin, uneheliche Kinder zur Welt zu bringen, wurde von denkenden Menschen, nachdem der Glanz auf dem Zauberformular des Eherituals ein wenig verblichen war, mit dieser Heimatlosigkeit und Familienlosigkeit begründet, aber Nahverwandte konnten einander heiraten und große Familien von Schwachköpfen in die Welt setzen, oder Menschen verschiedener Rasse konnten, natürlich auch unter dem Zeichen der heiligen Ehe, Kinder mit viel geringeren Möglichkeiten für ein normales Lebensglück als ein gesundes uneheliches Kind – selbst wenn das heimatlos und ohne Familie blieb – zeugen, ohne die Moral zu kränken.
In der Zukunft wird man wahrscheinlich nur mit einer Sorte »falscher« Kinder rechnen – so wie man mit »falschem« Geld rechnet –, d.h. mit solchen, die auf die eine oder andere Weise nicht ihren vollen Wert als menschliche Wesen haben und die zum vollen Wert anzunehmen der Rasse nicht dienlich sein kann.
Solche Kinder in deren Bestand in Umlauf zu setzen, wird dann vielleicht nicht bloß als unmoralisch, sondern als kriminell angesehen werden, ... sehr viel mehr, als es heute für kriminell angesehen wird, brüsk ein Individuum aus deren Bestand auszurotten, und die Sherlock Holmes der Zukunft können ihre Fähigkeiten dann darauf konzentrie-

ren, ihre spannenden Berichte über das Aufspüren und die gerechte Bestrafung solcher Verbrecher abzugeben.

Aber es ist nicht das Strafrecht – es ist nie das Strafrecht –, das auf irgendeine Weise den Ausschlag geben wird, sondern es ist bekanntlich das Gewissen, und mit dem läßt sich nichts anfangen.

Es muß eine sehr ernste Sache für die Leute gewesen sein, die sich seinerzeit bemüht haben, so sehr sie konnten, um von der Kirche Ablaß für ihre Toten zu kaufen, und später auf Luther stießen und, ob sie wollten oder nicht, schließlich zu der Ansicht kamen, daß er recht hatte. Es war nicht nur das, daß ihre Ruhe und ihr Frieden, die sie der Gewißheit verdankten, das Rechte getan zu haben, erschüttert und zunichte gemacht wurden und ihre Verdienste zu nichts zusammenschrumpften, sondern von da an schien es kein Ende mehr zu geben für die Forderungen an den, der in den Himmel wollte, ... je mehr sie an sie dachten, desto schlimmer wurde es mit ihnen, denn die ewige Seligkeit für sie selbst und ihre Familie ließ sich, wie die Dinge sich entwickelten, überhaupt nicht durch irgendwelche äußeren Mittel erreichen, sondern da stand dieser furchtbare energische Deutsche und hielt ihnen vor, daß mehr dazu gehörte, ja, daß nur das Äußerste, was sie geben konnten, daß die ganze Persönlichkeit gerade hinreichte. Sehr oberflächlichen Menschen konnte das als eine Erleichterung erscheinen, eine Ersparnis an Geld, Zeit und Kräften, auf die selbe Weise wie das System für die birth control ihnen jetzt erscheinen kann, aber ernste Menschen mußten unter der Last schwanken und schwindlig werden.

Wenn die Menschheit wirklich zu der Auffassung gelangt, daß sie so ihre eigene Zukunft und ihre eigene Seligkeit in der Hand hat – daß der Ablaß der Kirche und der Gesellschaft in Form von Trauscheinen nur »scraps of paper« sind und ihr ganzes großes Verdienst dahingehend, daß sie ihren Nachkommen Heim und Schulen und vielleicht ein reiches Erbe gesichert hat, nicht viel wert ist –, wird sie gleichzeitig vor einer noch größeren Verantwortung stehen –, denn die Seligkeit des Einzelnen mußte doch immer seine eigene Angelegenheit bleiben, und er konnte nicht durch Wurstigkeit andere, um nicht zu sagen eine unbegrenzte Anzahl anderer menschlicher Wesen, mit sich in die Hölle ziehen – sondern hier steht jedes junge Paar wie Adam und Eva im Garten Eden mit der Aussicht auf unzählige Geschlechter, die alle in der Weisheit der Eugenik unterwiesen sind, was Adam und Eva nicht waren, und die sich darüber im klaren sind, daß sie Möglichkeiten haben, zum Leid oder zum Glück Tausender und auf tausend Jahre beizutragen.

Es kann ja sein, daß, was diese Liebe und die Stellung des Liebesverhältnisses in der Gesellschaft angeht, freie Liebesverbindungen toleriert werden werden, solange sie der Rasse keine nicht wünschenswerten Mitglieder auf den Hals schaffen, und geachtet werden, je nachdem sie z. B. zu idealen Werken oder Taten inspirieren, oder ein Zentrum für Kunst oder Wissenschaft oder Philanthropie schaffen, oder ihrer Umgebung als Beispiele eines schönen und glücklichen Verhältnisses gefallen – und daß sie auf die selbe Weise zur Privatangelegenheit der Menschen werden werden, wie es jetzt eine Freundschaft ist, in deren Verlauf und Auflösung sich niemand einmischt, ... und daß die Gesellschaft bereit sein wird, damit zu rechnen, daß geistige Werte geistige Erben haben und nicht dem Fleische folgen.

Aber wird der höchste Wert der Gesellschaft in dergleichen persönlichen und begrenzten Verhältnissen in Ruhe gelassen werden? Wird nicht die ganze Mitwelt sie noch energischer anbetteln, als Shakespeare seinen geliebten und bewunderten Mr. W. H. anbettelte und beschwor, »to make thee another self for love of me« und ihnen vorhalten, daß:

> No love towards others in such bosom sits
> that on himself such murderous shame commits,

und wird sich nicht dieses Rassegewissen in ihrem eigenen Herzen drohend vor ihnen erheben, so wie in der alten Geschichte die Schatten der ungeborenen Geschlechter sich vor der Frau erhoben, die aus Bequemlichkeit und Angst vor Verzauberung vermieden hatte, Kinder zu gebären?
Wohin wird das nun führen? Wie wird eine Gesellschaft aussehen, in der unter dieser Idee geheiratet wird?
Ja, all das kann doch für den, der kein Prophet ist, nur ein ziemlich sinnloses Rätselraten sein. Aber den Vorteil hat das Geschriebene ja, daß es sich nicht aufdrängt – wer da meint, daß es völlig sinnlos ist, braucht ja bloß nicht weiterzulesen. Man kann z. B. darüber diskutieren, ob es wahrscheinlich ist, daß das zur Monogamie führen wird. Manchen Menschen kommt es vor, als ob das ständige Streben der Menschheit hinsichtlich der Liebesverhältnisse auf dieses Ziel hingearbeitet hätte. Das ist zunächst an sich eine ungewöhnliche fragwürdige Behauptung, und selbst wenn es sich wirklich so verhielte, würde es, was die weitere Entwicklung betrifft, überhaupt nichts beweisen, denn ein ständiges Streben durch viele Jahrhunderte hindurch kann plötzlich, nachdem es seinen Kulminationspunkt erreicht hat, völlig umschlagen. So mußte es einem Staatsbürger im Jahre 1700 so vorkommen, als ob die Gesellschaft sich ständig auf die Alleinherrschaft hinbewegt hätte und jetzt endlich ihrem Ziel nahegekommen sei, während in Wirklichkeit

nur wenige Jahre bis zum vollständigen (und dauernden) Untergang der Alleinherrschaft fehlten. In einer Gesellschaft, in der die Ehe sich auf den Fortschritt der Geschlechter gründet, könnte auf jeden Fall eine ganze Menge gegen die Monogamie gesagt werden, weil »the maternal instinct leads a woman to prefer a tenth share in a first rate man to the exclusive possession of a third rate one«.

Man sollte weiterhin der Ansicht sein, daß die bestimmte Forderung an die Idealität einer Ehe: die Veredlung des Geschlechts – ein anderes offensichtlich ständiges Streben der Entwicklung aus der Bahn werfen würde, nämlich die Forderung nach einer gleichen moralischen Beurteilung von Mann und Frau in den Verhältnissen, die mit Liebesverbindungen zu tun haben, und das hätte seine Begründung in dem natürlichen ungleichen Verhältnis der Zahl der Kinder, die ein Vater oder eine Mutter normalerweise in die Welt setzen kann. Wenn es nicht so leicht ziemlich roh erschiene, Menschen und Tiere in diesen Verhältnissen zu vergleichen, wäre es am bequemsten, seine Beispiele z. B. aus der Veredlung von Pferderassen zu holen, bei der es als vollkommen unmoralisch, wenn nicht als verbrecherisch angesehen werden müßte, eine Vollblutstute, die ein Derby gewonnen hätte, Mutter eines Halbblutfohlens werden zu lassen – um nicht von einem Maulesel zu reden – , nicht aber, ihren Bruder sein Teil zur Veredlung des Halbblutes des Landes tun zu lassen.

Solche Ehen, von denen man heutzutage überaus viele sieht, in denen die Frau geistig und körperlich weit über ihrem Mann steht, müßten in der Zukunft, vom Standpunkte der idealen Eugenik aus, im höchsten Grade verwerflich erscheinen, weil ein ihr ebenbürtiger oder ebenso ein ihr überlegener Mann ihr ja leicht die Kinder verschaffen könnte, die zur Welt zu bringen sie Zeit und Kraft hätte, zum größten Vorteil für die Rasse, der ihre jetzigen Nachkommen überhaupt nichts Gutes tun ... (und die Vorteile, zu denen ihr schlechter Mann ihr jetzt verhelfen kann, etwa in Beziehung auf Geld und Stellung, würden dort keine Rolle spielen dürfen, wo es um das große Ideal ginge). Man würde in diesem Falle schließlich zu dem Standpunkte der mohammedanischen Gesellschaft kommen, in der es den Eltern nicht erlaubt ist, ihre Tochter einem Manne zu geben, der von minderer Geburt ist als sie, während die Frauen sich aufgrund ihres großen Wertes als Stammütter grundsätzlich immer aufsteigend verheiraten. In der Gesellschaft der Zukunft würde das nicht durch Gesetze oder Anordnungen festgelegt werden, es würde als Forderung jedes anständigen Menschen nach einer anständigen Verbindung ins Bewußtsein eingehen.

Man könnte sich schließlich und endlich denken, daß die Wissenschaft – die zu dieser Zeit wirklich etwas über Ehen und Erbgang wüßte – zu dem Ergebnis käme, daß in dem alten Glaubenssatz vom Kind der Liebe als dem vollkommensten Kind etwas Reales liege (damit würde es jedenfalls keine Berufung mehr gegen das Urteil über die alte Ehemoral geben, von dieser Seite würden wir nichts mehr hören).

Wie würde da die Gesellschaft Ausschau halten nach einer wirklichen persönlichen Leidenschaft und eine sogenannte wahnwitzige Liebe mit einemmal Ansehen in den gesellschaftsaufbauenden Kräften erlangen! Wie würde die Stimme der Pflicht und des Gewissens in den Ohren derer dröhnen, die aus Gewohnheit oder Bequemlichkeit oder Ängstlichkeit hier eine Möglichkeit versäumen, Schönheit und Kraft in das Leben des Geschlechtes zu mischen!

Paolo und Francesco würden zwischen den Ehrwürdigsten und den Märtyrern der Gesellschaft stehen, und der Prophet Nathan würde die Geissel über Uria schwingen, der nicht die moralische und ideale Stärke besaß, seinen Platz zu räumen, als es darum gehen konnte, einen König Suleiman ben Daoud zu produzieren.
»Ja, und wäre das alles auch nur ein bißchen besser oder glücklicher?« – sagen die Vorkämpfer der alten Ehe und der alten freien Liebe.
Daß es glücklicher würde, könnte man sich schon leicht denken – wenn unter Glück das Gefühl der Zufriedenheit und des Wohlseins verstanden würde –, indem vorzugsweise die glücklich veranlagten Menschen ausgewählt würden, um das Menschengeschlecht fortzusetzen. Mazarin sagte, daß er nur glückliche Menschen leiden könne, und wenn das sein Hauptprinzip bei der Wahl seiner Umgebung war, mußte das ja dazu führen, daß sein Umgangskreis und seine Umgebung wirklich sehr schnell glücklicher wurden. Wenn es das Ideal der Menschheit wäre, glücklich zu sein, und sie sich entschließen könnte, alles daran zu setzen, das zu werden, dann könnte man sich jedenfalls denken, daß es ihr gelänge, eine Rasse zu schaffen, die glücklich sein könnte, und Verhältnisse, unter denen sie glücklich sein könnte, ... aber es ist nicht unmöglich, daß die Mehrheit bei einer Abstimmung über diesen Entschluß meinen würde, daß es das Glück sei, ein Ideal zu haben.
Und jetzt dieses Ideal? Daß es ungeheure Opfer fordert, dagegen hat kein Idealist etwas einzuwenden, genauso wenig wie der heilige Christophorus wirklich etwas gegen die übernatürliche Schwere eines Kindes, das er auf seinen Schultern trug, hätte einwenden können, denn in ihr offenbart es erst seine Göttlichkeit. Aber er könnte sehr wohl

einen Grund oder ein Recht haben zu fragen, ob dieses Kind nun wirklich der Stärkste war und ob es undenkbar wäre, daß es ihm irgendwann einmal geschehen könnte, einen noch Stärkeren zu sehen, vor dem selbst der, den er jetzt trug und dem er jetzt diente, Angst bekommen oder dem er sich unterwerfen würde.

In einem nach allen Seiten unendlichen Raume kann niemand eine Antwort auf diese Frage bekommen. Einen Rat kann der moderne heilige Christophorus dagegen bekommen, und zwar diesen: wenn er einen Stärkeren sieht, ihm dann zu dienen.

In ihrem ständigen Streben nach Ausdehnung, soviel wie möglich zu umfassen, kann die Menschheit gewiß weiterkommen und zu etwas gelangen, das größer ist als sie selbst.

Den Nationen, die es gegeben hat – oder immer noch gibt, wie z. B. die Somalis –, zersplittert in einander feindliche Stämme, erscheint es heutzutage unwahrscheinlich und unnatürlich, daß sie sich unter einem nationalen Feldzeichen sollten vereinigen können, ... und den glühenden Patrioten der vorigen Generation erschien es unmöglich, Gefühl für das rein Menschliche zu haben oder Brüderschaft für andere als ihre Landsleute zu empfinden.

Und doch ist die Liebe zum Stamm zweifellos aus der Liebe zur Familie und zur Heimat erwachsen, die Liebe zur Nation aus dem Stammesgefühl, und die Idee einer Brüderschaft der ganzen Menschheit ist aus den furchtbaren Flammen, in denen die Vaterlandsliebe aufgegangen ist, gestärkt auferstanden.

Die Menschheit der Zukunft, die ohne die geringste Mühe die vierte Dimension verstehen wird ... und zweifellos kann diese sehr schnell zustandekommen, wenn wir bald beginnen ... und die der Natur die Entwicklungsarbeit bewußt aus der Hand genommen und ihr gesagt hat: »nicht dein, sondern mein Wille geschehe« ... wird vielleicht mit Begeisterung in einer noch höheren Einheit aufgehen können und eine größere Brüderschaft mit dem selben Enthusiasmus umfassen, mit dem die Habr Yunis den Habr Yunis begegnen und mit dem die früheren Patrioten das geliebte Kind des gemeinsamen Vaterlandes besangen und umarmten.

Mit diesen Phantasien müssen diese Betrachtungen, die in aller Bescheidenheit begonnen wurden, schließen.

Niemand kann wissen, was ihn erwartet, wenn er sich darauf einläßt, den Stärksten zu suchen, ... und nicht einmal, wo er enden wird, wenn er begonnen hat, davon zu reden.

Nachwort

Am 14. Januar 1914 heiratete die neunundzwanzigjährige Karen Christentze Dinesen ihren Halbvetter, den schwedischen Baron Bror von Blixen-Finecke. Die Trauung fand in der ostafrikanischen Hafenstadt Mombasa statt, einen Tag, nachdem die Braut auf der »Admiral« aus Europa eingetroffen war. Elf Jahre später wurde die Ehe geschieden: Bror Blixen, bei Seitensprüngen nicht wählerisch, hatte seine Frau mit Syphilis angesteckt; von der Leitung der Kaffeefarm, die sie am Fuße der Ngong-Berge betrieben hatten, war er seit 1921 vertraglich ausgeschlossen; und ihrerseits hatte sich Karen Blixen lange schon für ihren englischen Geliebten Denys Finch Hatton entschieden.

Obwohl ihre Ehe sich zu einer »Tragödie« entwickelt hatte, wie sie 1924 schreibt, drängte nicht sie, sondern ihr Mann auf Scheidung. Bror Blixen war verarmt: auf der Flucht vor Gläubigern lebte er eine Zeitlang in einem Massai-Reservat und richtete später Safaris für wohlhabende Afrika-Touristen aus. Zu ihnen gehörte auch Ernest Hemingway, der ihn (in seiner Erzählung »Das kurze, glückliche Leben des Francis Macomber«) unter dem Namen Robert Wilson porträtiert hat: »Er war etwa mittelgroß, hatte aschblondes Haar, einen borstigen Schnurrbart, ein sehr rotes Gesicht und außerordentlich kalte, blaue Augen mit weißlichen Fältchen in den Winkeln, die sich komisch vertieften, wenn er lächelte.«

Daß Karen Dinesen diesen durchschnittlichen Mann heiratete, war nicht Ausdruck jäher Leidenschaft oder gewachsener Zuneigung. Es war kaum mehr als eine aufsässige Laune, denn davor hatte sie sich in Brors Zwillingsbruder

Hans verliebt. Doch die Heirat eröffnete ihr die Möglichkeit, dem engen und strengen Milieu ihres Elternhauses Rungstedlund zu entkommen. Seit dem frühen Tode des Vaters, des Hauptmanns Adolph Wilhelm Dinesen (er hatte sich 1895 nach einer Reichstagssitzung in seiner Kopenhagener Wohnung erhängt), bestimmte die Familie der Mutter, die Familie Westenholz, Stil und Richtung der Erziehung. Größtenteils mit ihrem Geld auch wirtschaftete später das Ehepaar Blixen auf der Kaffeefarm, und Aage Westenholz, Karen Blixens Onkel, war Aufsichtsratsvorsitzender der 1916 gegründeten Aktiengesellschaft *Karen Coffee Company, Ltd.*

Von Ende 1920 bis Ende Februar 1923 hatte Thomas Dinesen, Karen Blixens um sieben Jahre jüngerer Bruder, auf der Farm bei Nairobi gelebt und ihr wirtschaften geholfen. Zwischen den Geschwistern war während dieser Zeit ein enges Vertrauensverhältnis entstanden, das sich nach Thomas Dinesens Abreise in einem intimen Briefwechsel fortsetzte (so war er lange der einzige von Karen Blixens Familienangehörigen, der wußte, daß sie an Syphilis litt). Karen Blixens Alter – sie ging inzwischen auf die vierzig –, ihre Lage nach der gescheiterten Ehe, dazu ihre heftige Liebe zu dem bindungsscheuen Denys Finch Hatton – das und die unsichere finanzielle Situation, in der sie schwebte, trieben sie zu einer umfassenden Bilanz, und dabei brauchte sie einen Gesprächspartner.

Thomas Dinesen seinerseits hatte eine ernste, noch stärker von Westenholzschem Puritanismus gezeichnete Jugend verbracht, war nie dazu gekommen, »das Jünglingsleben zu leben«, wie Karen Blixen mit einer Wendung von Jens Peter Jacobsen feststellt. Er hatte auf englischer Seite am Ersten Weltkrieg teilgenommen und war hoch dekoriert worden.

In welcher Richtung er seinen Beruf suchen sollte, wußte er noch nicht, und die zwei Jahre in Afrika, an deren Ende eine Besteigung des Mount Kenya stand, wurden für ihn eine ebenso willkommene wie notwendige Denk- und Vorbereitungspause: »Ich glaube, daß er hier draußen zu Klarheit über sich selbst gekommen ist, und darüber, was er sich wirklich vom Leben wünscht«, schreibt Karen Blixen im Januar 1923 an ihre Mutter, Ingeborg Dinesen.

Gleichfalls an ihre Mutter schreibt sie am 11. November desselben Jahres: »Es wird Thomas sicherlich freuen, daß ich dabei bin, an einer kleinen Abhandlung über Geschlechtsmoral zu schreiben.« Es ist ihre erste briefliche Erwähnung dieser Arbeit, die erst 1977 veröffentlicht werden sollte. Karen Blixen umschreibt sie in den Briefen an ihre Mutter mal als »Abhandlung«, mal als »Essay über die Ehe«, mal auch als »Abhandlung über Liebe und Ehe«: so in dem Brief an ihren Bruder Thomas vom 22. Mai 1924, mit dem sie ihm die ersten acht Kapitel zuschickt. Und am 20. Juni 1924 beginnt sie einen Brief an ihn mit den Worten: »Ich schicke Dir hiermit die 4 letzten Kapitel meiner Betrachtungen über die Ehe.«

Eine hohe Meinung hatte Karen Blixen von ihrem Essay nicht. An dem Werk sei »nicht viel dran«, meint sie in ihrem ersten Begleitbrief, und in dem zweiten heißt es, ihre Betrachtungen seien sicherlich »banal und langweilig«. Daß sie dennoch die Arbeit zuendegebracht hat, erklärt sie damit, »daß die moralische Aufgabe, meine Energie fürs Fertigwerden mit dem zu sammeln und zu bewahren, womit ich einmal begonnen hatte, und mir nach bestem Vermögen meine Gedanken gesammelt und klar zu halten, eine gewisse Bedeutung gehabt hat hier draußen, wo ja so wenig abstrakte Gehirnarbeit anfällt«.

Hinweise darauf, welche weitere Bedeutung ihr Essay *Moderne Ehe* für sie bekam, gibt Karen Blixen mit der Bemerkung (an ihre Mutter vom 27. Januar 1924), sie müsse manchmal mit dergleichen ihren »Geist etwas in Übung« halten und auch prüfen, ob sie »noch dänisch schreiben« könne. Schon 1907 hatte sie unter dem Pseudonym »Osceola« zwei Erzählungen veröffentlicht, hatte 1911 den Plan und das Titelverzeichnis zu einer Sammlung von sieben Erzählungen entworfen und im Jahre darauf, während eines Aufenthalts in Rom, eine »Marionettenkomödie« geschrieben: »Die Rache der Wahrheit«. Jetzt, Mitte der zwanziger Jahre, erinnert sie sich an ihre Jugendarbeiten, erreicht, daß »Die Rache der Wahrheit« gedruckt wird (1926), auch wenn keine Bühnenaufführung zustandekommt, und erweitert das Verzeichnis ihrer Erzählungs-Entwürfe um zwei Stücke.

Als Karen Blixen an dem Essay *Moderne Ehe* arbeitet, steht die Schriftstellerei ihr noch nicht als Lebensziel vor Augen. Doch sie spürt immer deutlicher, daß sie eine Entscheidung nachzuholen hat, vor deren Radikalität sie bis dahin zurückgeschreckt war: die Entscheidung gegen ein bürgerliches Dasein und für eine künstlerische Existenz. Einstweilen bringt sie das noch auf die Formeln des »Paradieses« einerseits – der selbstgerechten Welt des Bürgertums, der sie nicht endgültig abgeschworen hat – und des »Engels Luzifer« andererseits. In dem ersten von zwei großen Bekenntnis-Briefen, die sie 1926 an ihren Bruder Thomas richtete, schreibt sie: »Ich bin überzeugt davon, daß Luzifer der Engel ist, der die Flügel über mir haben müßte. Und die einzige Lösung für Luzifer war wohl der Aufruhr und der Sturz in sein eigenes Reich. Im Paradies – wäre er darin geblieben – hätte er eine jämmerliche Figur gemacht.

Aber Luzifer hatte eben ein größeres Format als seine unterfertige demütige Dienerin, die im Paradies geblieben ist und jetzt eine jämmerliche Figur darin macht, ja darin vernichtet worden ist. (...)
Ich erkenne jetzt viele Gelegenheiten, bei denen ich mit dem besonderen Paradies, in dem ich also eine so schlechte Rolle spielte, hätte brechen müssen. Ich hätte beispielsweise unbedingt Abitur machen sollen. (...) Dasselbe gilt für mein jämmerliches ›Schriftstellertum‹. Ich kann nicht, ich kann *unmöglich* etwas schreiben, woran das Geringste ist, ohne mit dem Paradies zu brechen und in mein eigenes Reich hinabgestürzt zu werden. ›Die Rache der Wahrheit‹ ist wohl ein Miniatur-Versuch dazu.«
Damit nicht »der Eindruck entsteht, ich sehne mich nach etwas wild Dämonischem«, umschreibt Karen Blixen den »symbolischen Ausdruck« Luzifer mit »Wahrheit, oder Suchen nach Wahrheit, Hinstreben zu Licht, Kritik, ja, wohl zu dem, was man *Geist* nennt. Im Gegensatz zu: sich darauf ausruhen, daß das, was man mag, das Höchste ist und sein muß, ja, zu der gewollten Ruhe, Zufriedenheit und Kritiklosigkeit im Paradies. Und damit einhergehend: Arbeit – ich glaube, daß ich arbeiten kann und weniger müde werde als die meisten.«
Immer wieder spricht Karen Blixen in ihren Briefen aus Afrika – und das weitaus unverstellter und ungestümer als in dem gleichzeitig entstandenen Essay – die Einsicht aus, daß sie noch nicht zu der ihr angemessenen Lebensform gelangt ist, ja überhaupt noch nicht genügend Eigenes hat, auf das sie ihr Leben gründen könnte. Sie begreift auch, daß die noch so große Liebe zu Denys Finch Hatton nicht ihr einziger Lebensinhalt sein kann und daß sie zu völliger Eigenständigkeit finden muß, wenn sie nicht in dem Wechselbad

aus Seligkeit und Elend ertrinken soll, das seine unregelmäßigen An- und Abwesenheiten ihr bereiten.
»Überhaupt bezweifle ich«, schreibt sie an ihren Bruder Thomas, »daß man ›einer Leidenschaft leben‹ kann, wie man sagt – ich meine: ich bezweifle, daß es länger als eine ganz kurze Zeitlang möglich ist. Doch selbst wenn es möglich wäre, so ist dieses Verhältnis nicht nur eine Leidenschaft; es sollte weit weit mehr umfassen und enthalten. Kommt es dahin, daß dieses Verhältnis mein einziger Besitz im Leben ist, trete ich mit völlig leeren Händen, ohne andere Interessen, Erlebnisse, neue Gedanken oder Eindrücke davor, so wird aus der glücklichsten Freundschaft, der schönsten Sympathie und dem schönsten Einvernehmen, die ich mir vorstellen kann, ein rein körperlicher Hunger, eine rein körperliche Befriedigung, und ich möchte nicht, daß das geschieht (...).
Nein, siehst Du, ich muß *ich selber sein*, etwas in mir selbst sein, etwas haben, besitzen, das wirklich mein eigen ist, etwas ausrichten, das mein ist und ich ist, wenn ich überhaupt leben können und in meinem Leben das unbeschreibliche Glück haben können (...) soll, das meine Liebe zu Denys mir bedeutet.«
Aus solchen Einsichten entwickelt Karen Blixen eine Philosophie von Partnerschaft und Liebe in Parallelen, gestützt auf eine Formel aus Aldous Huxleys Roman *Parallelen der Liebe* (1925), dessen dritter Teil »Die Liebe der Parallelen« betitelt ist. Huxley gebrauche den Ausdruck zwar »in einer recht tragischen Bedeutung«, schreibt sie an ihren Bruder, aber sie werde ihn wohl so verstehen dürfen, wie *sie* wolle. »Man ›mündet‹ nicht ›ineinander‹, ›geht‹ nicht ineinander ›auf‹ (...), und schon gar nicht ist jeder des anderen Ziel im Leben, aber während man man selber ist und sein eigenes

fernes Ziel anstrebt, findet man das Glück in der Überzeugung, in aller Ewigkeit parallelzulaufen« (5. August 1926).

Karen Blixens Gedanken aus diesen Jahren der Rechenschaftslegung und der Umstellung sind in ihren Essay *Moderne Ehe* mit sehr verschiedenen Graden der Verbrämung eingegangen. Nur wenig verbrämt ist ihre Abrechnung mit dem Elternhaus: wo sie (in Kapitel X) mit den selbstgerechten dänischen Familien ins Gericht geht, für die als »nette Leute« nur diejenigen zählen, »die erkennen, daß Mama wunderbar, Papa einzigartig und Bøgely der schönste Fleck auf der Erde ist« – da kann der Leser getrost »Bøgely« durch »Rungstedlund« ersetzen. Andere Stellen sind nahezu wörtlich aus ihren gleichzeitig geschriebenen Briefen übernommen (oder umgekehrt); der Fortgang der Arbeit läßt sich auch im einzelnen nachprüfen: so findet sich eine Stelle aus dem Schluß von Kapitel I wörtlich in einem Brief Karen Blixens an ihre Mutter vom 27. Januar 1924.
Im ganzen aber ist *Moderne Ehe* ein sorgfältig durchkomponierter Text, in dem Karen Blixen vollen Gebrauch von den Vorrechten des Essayisten macht – den Vorrechten, anzudeuten und nicht auszuführen, Fragen zu stellen und keine erschöpfenden Antworten zu geben, Denkrichtungen einzuschlagen und sie nicht zu Ende zu gehen, manche Bücher zum Thema zu zitieren, andere gar nicht erst zu erwähnen. Das macht es mitunter schwer, den Quellen ihrer Gedanken nachzuspüren, ihre Anreger zu ermitteln.
Ihre Beispiele und ihre Belege nimmt Karen Blixen aus Philosophie und Theologie, aus Geschichte und Literatur, aus Sage und Legende. Sie war belesen, aber da sie nie eine Schule besucht hatte, sondern mit ihren Schwestern zusammen von Hauslehrerinnen unterrichtet worden war, hatte

ihre Belesenheit etwas Zufälliges; dafür durchdrang sie das, was sie las, mit einem starken Wunsch nach Aneignung und Anverwandlung. Erst später hat sie unter Anleitung von Denys Finch Hatton, dem sie 1918 begegnet war, ihre Kenntnis vor allem der englischen Literatur erweitert und ihre Kenntnis der englischen Sprache so sehr vertieft, daß sie das Buch, mit dem sie ihr zweites literarisches Debüt gab, die *Sieben phantastischen Geschichten* (1934), auf englisch schreiben konnte.

Der Essay *Moderne Ehe* ist von einer heftigen Aufbruchstimmung getragen. Karen Blixen schreibt aus dem Gefühl, einer neuen, einer modernen Generation anzugehören, und sie vertraut darauf, daß dieser Generation bessere Lebensbedingungen und größere Entfaltungsmöglichkeiten beschieden sein werden. Den erneuernden Einschnitt zwischen Gestern und Heute stellt für sie der Erste Weltkrieg dar. Er hatte – wie auch Karen Blixen es auf ihre Weise in Afrika erfahren hatte – viele junge Mädchen und Frauen zur Selbständigkeit gebracht, und diese Selbständigkeit hat, wie sie meint, zu einem freieren Umgang der Geschlechter miteinander geführt: er ist zu einem Umgang zwischen Gleichgestellten geworden.

Die größere Freiheit aber verpflichtet zu größerem Verantwortungsbewußtsein und zu genauerem Nachdenken. Es wäre mit dem modernen Lebensgefühl nicht vereinbar, gedankenlos die herkömmliche Ehe fortzuführen; die hat nach Karen Blixen ihre tragende Idee eingebüßt, und deshalb sagt sie die herkömmliche Ehe tot. Die moderne Ehe möchte sie nicht nur auf eine neue und andere, sie möchte sie auf eine Idee gründen, die über den einzelnen hinausweist und zugleich dem Grundsatz des Dienens gerecht wird. Diese Idee wird keine geringere sein als die Verbesserung des Menschengeschlechts, die Veredlung der menschlichen Rasse; gleich mit dem ersten Satz ihres Essays kündigt sie das an: »Aus Darwins Wüste kam ich, jung noch, in Lamarcks grünende Gärten.«

Die Lehre von der Abstammung der Arten, die Charles Darwin (1809-1882) entwickelt hatte, war in Dänemark durch den Lyriker und Erzähler Jens Peter Jacobsen verbreitet worden (von Jacobsen auch stammte die Übersetzung der beiden Hauptwerke Darwins). Was Karen Blixen am Darwinismus abstieß, weswegen sie seine Gedankenwelt als »Wüste« empfand, war, daß er die Arten als unveränderlich dargestellt hatte. Das entsprach nicht ihrer (aus Erfahrung gespeisten) Überzeugung, wonach der Mensch dazulernen und an sich arbeiten kann, wenn es darum geht, sich bessere, angemessenere Lebensbedingungen zu schaffen.

Vor Darwin hatte Jean-Baptiste Lamarck (1744-1829) in seiner Abstammungstheorie die Ansicht vertreten (allerdings ohne sie auf den Menschen auszudehnen), die Organismen bildeten sich unter der Einwirkung von Umweltveränderungen und daraus erwachsenden Anpassungszwängen um und vererbten die neuerworbenen Eigenschaften weiter; aber auch neue Wünsche und Bedürfnisse zeitigten auf die Dauer bleibende Veränderungen. »Alles, was die Individuen durch den Einfluß der Verhältnisse, denen die Rasse lange Zeit hindurch ausgesetzt ist, und folglich durch den Einfluß des vermehrten Gebrauchs oder konstanten Nichtgebrauchs erwerben oder verlieren, wird durch die Fortpflanzung auf die Nachkommen vererbt«, schreibt Lamarck in seiner *Zoologischen Philosophie* (1809).

Der Lamarckismus erfuhr um die Jahrhundertwende eine Wiederbelebung und regte verschiedene Wissenschaftler zu

Experimenten an, die insgesamt aber keinen nachträglichen Beweis für Lamarcks Thesen erbrachten. Wodurch Karen Blixen seine Gedanken vermittelt worden sind, ist bisher nicht nachgewiesen. Aber sie hängt ihnen noch lange an und wird in einem Brief an ihren Bruder vom 20. November 1928 schreiben: »Wenn die Echsen sich nicht zusammengenommen und versucht hätten, zu fliegen, selbst auf das Risiko hin, daß es völlig danebengeht, oder die Affen, von den Bäumen herunterzukommen, oder die Huf- und Klauentiere, ihre Hufe und Klauen umzubilden – dann wären wir sicherlich noch zwischen Schachtelhalmen herumgelatscht und wären 20 Ellen lang.«

Karen Blixens Ablehnung von Darwin hingegen wird durch mehrere Äußerungen belegt. »Dann freut es mich so sehr, daß Shaw Darwin haßt, wie ich es immer getan habe«, schreibt sie am 7. Oktober 1923 an ihre Mutter; um die gleiche Zeit liest sie Samuel Butlers Roman *The fair haven* (1873), gleichfalls das Buch eines Antidarwinisten.

Als nicht minder empfänglich erweist sich Karen Blixen für die damals neue und zeitgenössische Lehre von der Veredlung menschlichen Erbguts, für die Eugenik. Den Begriff – »eugenics« – hatte der Engländer Francis Galton (1822-1911) in seinen *Inquiries into human faculty* (1883) geprägt (Galton war ein Vetter von Charles Darwin). 1911 war für seinen orthodoxen Schüler Karl Pearson am Londoner University College ein Lehrstuhl für Eugenik geschaffen worden, und man kann sich vorstellen, daß Galtons Gedanken und Vorstellungen in den Kreisen der damaligen britischen Kronkolonie Kenia diskutiert wurden.

An Zuchtinstitute für überlegene Individuen und höherwertige Folgegenerationen dachte Galton noch nicht (Aldous Huxley wird sie 1932 in seinem Roman *Schöne neue*

Welt beschreiben); wohl aber müsse, wie er meinte, das Denken in aufsteigenden Menschheitsstufen »in das nationale Gewissen eingeführt werden«. Karen Blixen, der man nicht rückwirkend einen Mangel an Prophetengabe anlasten darf, schreibt ihrerseits (in Kapitel XII): »In der Gesellschaft der Zukunft würde das nicht durch Gesetze oder Anordnungen festgelegt werden, es würde als Forderung jedes anständigen Menschen nach einer anständigen Verbindung ins Bewußtsein eingehen.«

»Wenn es nicht so leicht ziemlich roh erschiene, Menschen und Tiere in diesen Verhältnissen zu vergleichen, wäre es am bequemsten, seine Beispiele z. B. aus der Veredlung von Pferderassen zu holen«, heißt es kurz davor in demselben Kapitel. Karen Blixen spricht hier auch aus ihrer Alltagspraxis als Farmerin, und wie stark ihr Sinn für Widerstands- und Überlebensfähigkeit von Tieren geschärft war, zeigen zwei afrikanische Episoden. In dem Brief an ihren Bruder vom 5. August 1926 schreibt sie, sie habe den größten Ärger gehabt, der sie hätte treffen können: Während ihrer Abwesenheit nämlich hätten eines Tages ihre Boys »einen ekelhaften Shenzie-Hund sich mit Heather« – ihrer Lieblingshündin – »vermählen lassen«. Und gegen Schluß ihres Buches *Afrika, dunkel lockende Welt* (1937) erzählt sie, wie ein Hahn ein Chamäleon angreift: »Der Hahn (...) ließ (...) rasch und entschieden seinen Schnabel wie einen Hammer herabsausen und knipste dem Chamäleon die Zunge ab. (...) Ich trieb Fathimas Hahn beiseite, nahm einen großen Stein auf und tötete das Chamäleon, denn es konnte ohne Zunge nicht weiterleben; die Chamäleons fangen die Insekten, von denen sie sich nähren, mit der Zunge.«

Wer damals außer ihrem Bruder Thomas Dinesen Karen

Blixens Essay *Moderne Ehe* gelesen hat, wissen wir nicht; mit hoher Wahrscheinlichkeit ihre Mutter, mit hoher Wahrscheinlichkeit auch ihre Tante Mary Bess Westenholz. Mit ihr, der Frauenrechtlerin und Unitarierin, hatte Karen Blixen von früh an diskutiert und gestritten, und in den Briefen, die sie während ihrer letzten Jahre in Afrika an sie richtet, greift sie das Thema Ehe unter verschiedenen Gesichtspunkten wieder auf. Ehe und Familie schlechthin einen höheren Wert zuzuerkennen als anderen Lebensformen, weigert sie sich, doch an ihrem Idealismus hält sie fest. »Ich finde«, schreibt sie ihrer Tante am 20. November 1928, »das allergrößte Glück ist, sich im Leben mit einem anderen Menschen in der Liebe zu einem Ideal oder zu Idealen zu finden und zu vereinen, aber ihm mehr dienen als ihnen möchte ich ebensowenig, wie ich möchte, daß er mir auf ihre Kosten dient – und ich glaube, hierin stehe ich nicht unter dem Diktat von Eitelkeit oder Egoismus, sondern unter dem meines Glaubens an das Göttliche in der Welt, und ohne den könnte ich, die ich mich seit meinen jungen Tagen als Pantheistin bezeichnet habe, schwerlich einen Zusammenhang im Dasein sehen ...«
Was die Zukunft der Frauen betrifft, so ist Karen Blixen in ihren Briefen aus Afrika von gleichbleibendem Optimismus. Die nächsten hundert Jahre würden »voll herrlicher Offenbarungen für sie sein«, schreibt sie an ihre Schwester Ellen (am 2. August 1923). Auch dabei vertraut sie auf die Wissenschaft, der die Möglichkeit der Geburtenregelung zu verdanken ist (sie selber spricht von »birth control«, wie es zu Beginn des Ersten Weltkriegs die Engländerin Margaret Sanger eingeführt hatte); die »Frauenfrage« (die als »die bedeutendste Bewegung des neunzehnten Jahrhunderts« gelten müsse) werde sich ganz anders darstellen, »wenn – wozu

es sicherlich bald kommen wird – die Eltern das Geschlecht ihrer werdenden Kinder bestimmen können« (so in dem Brief an ihre Mutter vom 15. Dezember 1923).
Eine eigene Zukunft als Frau hatte Karen Blixen kaum noch zu erwarten, jedenfalls nicht in herkömmlichen Formen. Allem Anschein nach hat sie in Afrika zwei Fehlgeburten gehabt (1922 und 1926); die Gefahr, daß sie syphilitische Kinder zur Welt gebracht hätte, war groß, und die Reaktion von Denys Finch Hatton, dem sie ihre zweite Schwangerschaft telegraphisch gemeldet hatte, fiel, gelinde gesagt: enttäuschend aus. Mehr als eine »Liebe der Parallelen« war mit ihm nicht möglich, und eine Vernunftehe mit einem anderen Partner, wie sie ihr mehrmals nahegelegt worden war, lehnte sie ab.
Mit dem erzwungenen Weggang aus Afrika im Jahre 1931 begann Karen Blixen ihr zweites Leben – ihr Leben als Schriftstellerin, in dem sie unter neuen Namen bekannt wurde: unter dem Namen Isak Dinesen in Amerika und in England, unter dem Namen Tania Blixen in Deutschland. Dieses zweite Leben war ein Leben aus Erinnerung und Phantasie, aus Kompensation und Sublimierung, und sie umgab es »mit dem größten Geheimnis«, wie sie über Friedrich von Hohenems (in der Erzählung »Die Träumer«) schreiben wird. Ihr erstes Leben war abgeschlossen. Zusammen mit ihren Briefen aus Afrika ist der Essay *Moderne Ehe* das letzte Zeugnis, das wir darüber besitzen.

Hanns Grössel

Anmerkungen

Karen Blixen hat ihre »Betrachtungen« in großer Hast niedergeschrieben, in einer Art Selbstverständigungs- und Selbstbefreiungsprozeß; sie hat sie, ohne einen zweiten Blick auf sie zu werfen, ihrem Bruder nach Dänemark geschickt, bei dem sie ein halbes Jahrhundert gelegen haben. Ihr Stil hat nichts mit dem Stil von Karen Blixens früheren Texten und späteren Werken, kaum etwas mit dem Stil ihrer Briefe zu tun. In ihnen macht sich mehr der Versuch, zu Klarheit zu gelangen, als ein Ergebnis, das in seinem Ausdruck klar wäre, bemerkbar. Nichts ist da gefeilt oder ziseliert, sondern die Sätze und Nebensätze purzeln dem Leser entgegen, wie sie Karen Blixen aus dem Kopf gepurzelt sind. Neben bewußt »hohen« und absichtlich altmodischen Sequenzen stehen mutwillig gewählte Alltagswörter, fast Slang. Von allem anderen abgesehen, sollten die »Betrachtungen« auch dazu dienen, Karen Blixen zu versichern, daß sie ihre Muttersprache noch beherrsche. Das Verwirrendste freilich sind die endlosen Perioden, die mühsam in ihren syntaktischen Beziehungen rekonstruiert werden müssen, und die abrupten »Anschlüsse«. Nichts wäre leichter und bequemer gewesen, als dies alles aufzulösen in überschaubare, abgerundete Sätze, in denen etwa die Pronomina und Artikel durch das oft schwer auffindbare Beziehungswort ergänzt worden wären. Es hätte aber auch nichts den originalen Stil dieser »Betrachtungen« mehr verfälschen können. Die einzige gerechtfertigte Lösung, die sich anbot, war das genaue Nacharbeiten des dänischen Textes, das dem deutschen Leser nichts erspart, was dem dänischen zugemutet wird. Das hat seine Mißlichkeiten; auf jeden Fall lädt es nicht zu schnellem und flüchtigem Lesen ein und macht einen sehr fremden, befremdenden Text nicht zu einem eigenen Allerweltstext.

Eine weitere Schwierigkeit liegt in dem Anspielungs- und Zitatenreichtum der »Betrachtungen«, der das bei Karen Blixen übliche Maß weit übersteigt. Sie hat vieles aus den ihr zufällig zugänglichen Büchern übernommen, vor allem – bis in Beispiele hinein – von G. B. Shaw. Vieles stammt aus ihrer leidenschaftlichen Lektüre der Jugendjahre und eben nicht alles aus dem üblichen Bildungsschatze ihrer Zeit. Wo es unökonomisch gewesen wäre, die Quelle zu finden, habe ich mich nicht auf die Suche begeben, dort aber, wo meine Kenntnisse ausreichen oder die Spur mir deutlich genug schien, angemerkt, was in meinen Kräften stand, um dem Leser wenigstens diese und jene Verständnishilfe zu geben.

S. 10 contemptibles: Bezeichnung für die englischen Expeditionssoldaten unter General French. Anspielung auf ein Wort Wilhelms II. vom 24. 9. 1914.

S. 13 Nora: in Ibsens Theaterstück *Ein Puppenheim*.
Klister und Malle: Protagonisten in Johan Ludvig Heibergs Vaudeville *De Uadskillige* (Die Unzertrennlichen), 1827. *Poetiske Skrifter* vol. 7 (1862), 347 ff.

S. 14 Carpentier: Georges Carpentier (1894-1975), Halbschwergewichtsweltmeister 1920-1922; Jack Dempsey (1895-1975), Schwergewichtsweltmeister 1919-1926.
Martensen: H. Martensen-Larsen, Dompropst in Roskilde (1867-1929). *Tvivl og Tro* 1909.

S. 16 Harald Schönhaar: norwegischer König, gest. 933.

S. 20 The confusion: *Man and Superman*, 3. Akt.
S. 26 gehe hin: Lukas 10, 37.
S. 28 Fylgie: in der nordischen Mythologie Schutzgeister der Menschen. Hier im Sinne von Schutzengel.
S. 29 aufs Bürgerglück: Heiberg, *Poetiske Skrifter* vol. 6 (1862), 180.
S. 31 dem Reinen: Tit. 1,15.
S. 32 The great: vgl. Karen Blixen, Die Mottos meines Lebens, Akzente, Juni 1985, 276 ff.
Kormak: aus dem gleichnamigen Fragment von J. P. Jacobsen, *Samlede Vaerker*, vol. 3 (1927), 77 ff.
S. 43 der Buchstabe: 2. Kor. 3, 6.
S. 45 Raffles: A. J. Raffles ist der Held mehrerer Romane von E. W. Hornung (1866-1921), eben ein gentleman mit der Neigung zu Verbrechen.
S. 47 Rohan: Maria von Rohan (gest. 1679), verheiratet mit Claude von Guise (gest. 1657).
S. 50 cette douce amitié: Choderlos de Laclos, *Die gefährlichen Liebschaften*, Brief CIV.
S. 51 Morbihan: Stammschloß der Rohans im Departement Morbihan.
S. 53 Chambord: Henri von Artois, Graf von Chambord (1820-1883), von den Legitimisten zum Prätendenten erklärt, hatte sich 1873 geweigert, die Trikolore statt des Lilienbanners anzuerkennen und sich auf die Verfassung zu verpflichten. Die Kutschen blieben daher unbenutzt.
S. 56 gewogen: Daniel 5, 27.
S. 57 Frederik VI.: 1768 -1839. In seinen ersten Lebensjahren nahm Struensee Einfluß auf seine Erziehung; harte Kissen gehörten zu Struensees »deutschen« pädagogischen Prinzipien.

S. 61 Ewald: Johannes Ewald (1743-1781). Die Verse aus seinen Sørge-Sange 1766 (auf den Tod Frederiks V.), *Samlede Skrifter* vol 1 (1914), 102.

S. 62 Idafeld: annähernd so berichtet es die Vǫluspá (Der Seherin Gesicht) in den Versen 47/48.

S. 63 Himmelreich: Matth. 18, 3.

S. 64 Franz I.: König von Frankreich (1494-1547), starb an Syphilis.

S. 66 Zarathustra: Die Reden Zarathustras von alten und jungen Weiblein, in Friedrich Nietzsches *Also sprach Zarathustra*.

S. 68 Liebeshof: daß es in der Provence ›Minnehöfe‹ gegeben habe, ist eine bis auf Nostradamus (1575) zurückgehende, seit 1825 widerlegte Legende.

Gräfin von Provence: gemeint ist entweder Béatrix, verheiratet mit Raimon-Berenger IV., oder deren Tochter Béatrix (1233-1267); kaum Garsende de Forcalquier (geb. ca. 1180), verheiratet mit Alphonse II.

S. 69 Shelley: eine aus Reimzwang bedingte, ungenaue Wiedergabe der Verse:
in life's green grove
Sport like tame beasts, none knew how gentle they could be!
im 4. Akt des P. U.

S. 74 if a man: Samuel Butler, *The Way of all Flesh*, Shrewsbury Edition vol. 17 (1925), 276.

B.s Roman ist zwar erst 1903 erschienen, aber ab 1872 entstanden.

S. 78 make thee: Sonett X.
No love: Sonett IX.

S. 81 Paolo: Dante, Inf. V.
Nathan: bezieht sich auf Davids Ehebruch mit dem

Weibe des Uria, dessen Frucht Salomo (= Salomo, Sohn des David) und Nathans Bußpredigt im 11. und 12. Kap. 2. Sam.

S. 83 nicht dein: Luk. 22, 42.
Habr Yunis: ein Klan der Somalis.

W. B.

Inhalt

I	Über Ideal und Natur	7
II	Über Zweifel und Kampf	11
III	Moderne Ehe oder »Was ihr wollt«	16
IV	Moderne Ehe oder »Was ihr wollt« (Fortsetzung)	20
V	Moderne Ehe oder »Was ihr wollt« (Fortsetzung)	23
VI	Moderne Ehe oder »Was ihr wollt« (Schluß)	27
VII	Der große Kaiser Otto	32
VIII	Der heilige Christophorus	39
IX	... beginnt seine Wanderschaft	45
X	... setzt seine Wanderschaft fort	55
XI	Intermezzo	62
XII	Das schwere Kind. Eine Phantasie	70
	Nachwort	84
	Anmerkungen	97

Frauenforschung und Feminismus im Suhrkamp Taschenbuch Verlag

Ansprüche. Verständigungstexte von Frauen. Herausgegeben von Eva-Maria Alves. st 887

Die armen Frauen. Frauen und Sozialpolitik. Herausgegeben von Ilona Kickbusch und Barbara Riedmüller. es 1156

Aus der Zeit der Verzweiflung. Zur Genese und Aktualität des Hexenbildes. Beiträge von Gabriele Becker, Silvia Bovenschen, Helmut Brackert, Sigrid Brauner, Ines Brenner, Gisela Morgenthal, Klaus Schneller, Angelika Tümmler. es 840

Autorinnen. Herausforderungen an das Theater. Herausgegeben von Anke Roeder. st 1673

Johann Jakob Bachofen: Das Mutterrecht. Eine Untersuchung über die Gynaikokratie der alten Welt nach ihrer religiösen und rechtlichen Natur. Eine Auswahl, herausgegeben von Hans-Jürgen Heinrichs. stw 135

Ludwig Bechstein: Hexengeschichten. Mit farbigen Illustrationen von Monika Wurmdobler. it 865

Berühmte Frauen. Kalender 1991. Erstellt von Luise F. Pusch. st 1991

Silvia Bovenschen: Die imaginierte Weiblichkeit. Exemplarische Untersuchungen zu kulturgeschichtlichen und literarischen Präsentationsformen des Weiblichen. es 921

Denkverhältnisse. Feminismus und Kritik. Herausgegeben von Elisabeth List und Herlinde Studer. es 1407

Familie und Gesellschaftsstruktur. Materialien zu den sozioökonomischen Bedingungen von Familienformen. Herausgegeben und eingeleitet von Heidi Rosenbaum. stw 244

Feminismus. Inspektion der Herrenkultur. Ein Handbuch. Herausgegeben von Luise F. Pusch. es 1192

Die Frau von morgen wie wir sie wünschen. Eine Essaysammlung aus dem Jahre 1929. Mit Beiträgen von Max Brod bis Stefan Zweig und einem Essay zur vorliegenden Ausgabe von Silvia Bovenschen. Herausgegeben von Friedrich M. Huebner. it 1194

Frauen, die pfeifen. Verständigungstexte. Herausgegeben von Ruth Geiger, Hilke Holinka, Claudia Rosenkranz. Sigrid Weigel. es 968

Frauensituation. Veränderungen in den letzten zwanzig Jahren. Herausgegeben von Uta Gerhardt und Yvonne Schütze. stw 726

Ute Frevert: Frauen-Geschichte. Zwischen bürgerlicher Verbesserung und Neuer Weiblichkeit. NHB. es 1284

Ute Gerhardt: Verhältnisse und Verhinderungen. Frauenarbeit, Familie und Rechte der Frauen im 19. Jahrhundert. Mit Dokumenten. es 933

Frauenforschung und Feminismus im Suhrkamp Taschenbuch Verlag

Dagmar von Gersdorff: Dich zu lieben kann ich nicht verlernen. Das Leben der Sophie Brentano-Mereau. it 1276

Erving Goffman: Geschlecht und Werbung. Aus dem Amerikanischen von Thomas Lindquist. es 1085

Susan Griffin: Frau und Natur. Das Brüllen in ihr. Aus dem Amerikanischen von Renate Stendhal. es 1405

Gunnar Heinsohn / Rolf Knieper / Otto Steiger: Menschenproduktion. Allgemeine Bevölkerungstheorie der Neuzeit. es 914

Die Hexen der Neuzeit. Studien zur Sozialgeschichte eines kulturellen Deutungsmusters. Herausgegeben von Claudia Honegger. es 743

Luce Irigaray: Ethik der sexuellen Differenz. es 1362

– Speculum. Spiegel des anderen Geschlechts. Aus dem Französischen übersetzt von Xenia Rajewsky, Gabriele Ricke, Gerburg Treusch-Dieter und Regine Othmer. es 946

Ann Jones: Frauen, die töten. Aus dem Amerikanischen von Ebba D. Drolshagen. es 1350

Das Leben und Sterben der Kindsmörderin Susanne Margaretha Brandt. Nach den Prozeßakten dargestellt von Siegfried Birkner. it 1190

Die Listen der Mode. Herausgegeben von Silvia Bovenschen. es 1338

Lohn: Liebe. Zum Wert der Frauenarbeit. Herausgegeben von Alice Schwarzer. es 1225

Claude Meillassoux: »Die wilden Früchte der Frau«. Über häusliche Produktion und kapitalistische Wirtschaft. Übersetzt von Eva Moldenhauer. stw 447

Marie-Odile Métral: Die Ehe. Analyse einer Institution. Mit einem Vorwort von Philipp Ariés. Übersetzt von Max Looser. stw 357

Jules Michelet: Die Frauen der Revolution. Herausgegeben und übersetzt von Gisela Etzel. Mit zahlreichen Abbildungen. it 726

Juliet Mitchell: Psychoanalyse und Feminismus. Freud, Reich, Laing und die Frauenbewegung. Aus dem Englischen von Brigitte Stein und Holger Fliessbach. st 1122

Ulrike Prokop: Weiblicher Lebenszusammenhang. Von der Beschränktheit der Strategien und der Unangemessenheit der Wünsche. es 808

Psychoanalyse der weiblichen Sexualität. Herausgegeben von Janine Chasseguet-Smirgel. Aus dem Französischen übersetzt von Grete Osterwald. es 697

Luise F. Pusch: Alle Menschen werden Schwestern. Feministische Sprachkritik. es 1565

– Das Deutsche als Männersprache. Aufsätze und Glossen zur feministischen Linguistik. es 1217

Frauenforschung und Feminismus
im Suhrkamp Taschenbuch Verlag

Rechtsalltag von Frauen. Herausgegeben von Ute Gerhard und Jutta Limbach. es 1423

Adrienne Rich: Um die Freiheit schreiben. Beiträge zur Frauenbewegung. Aus dem Amerikanischen v. Barbara von Bechtolsheim. es 1583

Heidi Rosenbaum: Formen der Familie. Untersuchung zum Zusammenhang von Familienverhältnissen, Sozialstruktur und sozialem Wandel in der deutschen Gesellschaft des 19. Jahrhunderts. stw 374

Rossana Rossanda: Einmischung. Gespräche mit Frauen über ihr Verhältnis zu Politik, Freiheit, Gleichheit, Brüderlichkeit, Demokratie, Faschismus, Widerstand, Staat, Partei, Revolution, Feminismus. Aus dem Italienischen übersetzt von Maja Pflug, Andrea Spingler und Burkhart Kroeber. st 921

Giselher Rüpke: Schwangerschaftsabbruch und Grundgesetz. Eine Antwort auf das in der Entscheidung des Bundesverfassungsgerichts vom 25. 2. 1975 ungelöste Verfassungsproblem. Nachwort von Peter Schneider. es 815

Christoph Sachße: Mütterlichkeit als Beruf. Sozialarbeit, Sozialreform und Frauenbewegung 1871-1929. es 1351

Werner Schiffauer: Die Gewalt der Ehre. Erklärungen zu einem deutsch-türkischen Sexualkonflikt. st 894

Friedrich Schlegel: Theorie der Weiblichkeit. Herausgegeben und mit einem Nachwort versehen von Winfried Menninghaus. it 679

Schreibende Frauen. Frauen – Literatur – Geschichte. Vom Mittelalter bis zur Gegenwart. Herausgegeben von Hiltrud Gnüg und Renate Möhrmann. st 1603

Schwestern berühmter Männer. Zwölf biographische Porträts. Herausgegeben von Luise F. Pusch. Redaktionelle Mitarbeit: Jutta Wasels. it 796

Georg Simmel: Schriften zur Philosphie und Soziologie der Geschlechter. Herausgegeben und eingeleitet von Heinz-Jürgen Dahme und Klaus Christian Köhnke. es 1333

Bram van Stolk / Cas Wouters: Frauen im Zwiespalt. Zwischen Frauenhaus und Zuhause: Beziehungsprobleme im Wohlfahrtsstaat. Übersetzt von Michael Schröter. Mit einem Vorwort von Norbert Elias. stw 685

Töchter berühmter Männer. Neun biographische Porträts. Herausgegeben von Luise E. Pusch. it 979

Von fremden Frauen. Frausein und Geschlechterbeziehungen in nichtindustriellen Gesellschaften. Herausgegeben von der Arbeitsgruppe Ethnologie, Wien. stw 784

Frauenforschung und Feminismus
im Suhrkamp Taschenbuch Verlag

Nike Wagner: Geist und Geschlecht. Karl Kraus und die Erotik der Wiener Moderne. es 1446

Ingeborg Weber-Kellermann: Die deutsche Familie. Versuch einer Sozialgeschichte. st 185

Weiblichkeit in geschichtlicher Perspektive. Fallstudien und Reflexionen zu Grundproblemen der historischen Frauenforschung. Herausgegeben von Ursula A. J. Becher und Jörn Rüsen. stw 725

Uwe Wesel: Der Mythos vom Matriarchat. Über Bachofens Mutterrecht und die Stellung von Frauen in frühen Gesellschaften vor der Entstehung staatlicher Herrschaft. stw 333

Wie männlich ist die Wissenschaft? Herausgegeben von Karin Hausen und Helga Nowotny. stw 590

Biographien
in den suhrkamp taschenbüchern

Ball, Hugo: Hermann Hesse. Sein Leben und sein Werk. st 385

Ball-Hennings, Emmy: Das flüchtige Spiel. Wege und Umwege einer Frau. st 1502

– Ruf und Echo. Mein Leben mit Hugo Ball. Mit einem Nachwort von Christian Döring. st 1726

Der Cimarrón. Die Lebensgeschichte eines entflohenen Negersklaven aus Cuba, von ihm selbst erzählt. Nach Tonbandaufnahmen herausgegeben von Miguel Barnet. Aus dem Spanischen von Hildegard Baumgart. Mit einem Nachwort von Heinz Rudolf Sonntag und Alfredo Chacón. st 346

Bell, Quentin: Virginia Woolf. Eine Biographie. Aus dem Englischen von Arnold Fernberg. st 753

Bertaux, Pierre: Friedrich Hölderlin. st 686

Brecht, Walter: Unser Leben in Augsburg, damals. Erinnerungen. st 1368

Carossa, Hans: Ungleiche Welten. Ein Lebensbericht. st 521

Chalfen, Israel: Paul Celan. Eine Biographie seiner Jugend. st 913

Crick, Bernard: George Orwell. Ein Leben. Aus dem Englischen von Friedrich Polakovics unter Mitwirkung von Harald Raykowski. st 1778

Felder, Franz Michael: Aus meinem Leben. Mit einer Vorbemerkung von Peter Handke und einem Nachwort von Walter Methlagl. st 1353

Fitch, Noel R.: Sylvia Beach. Eine Biographie im literarischen Paris 1920-1940. Aus dem Amerikanischen von Angelika Schleindl. Mit Abbildungen. st 1702

Freund, Gisèle: Drei Tage mit James Joyce. Fotografiert von Gisèle Freund. Mit einem Vorwort von Philippe Sollers. Aus dem Französischen von Franz-Heinrich Hackel. st 929

Gandhi, Mahatma: Mein Leben. Herausgegeben von C. F. Andrews mit einem Nachwort von Curt Ullerich. Aus dem Englischen übertragen von Hans Reisiger. st 953

Gespräche mit Marx und Engels. Herausgegeben von Hans Magnus Enzensberger. st 716

Gibson, Ian: Lorcas Tod. Deutsch von Fritz Vogelgsang. st 197

Hellman, Lillian: Eine unfertige Frau. Ein Leben zwischen Dramen. Aus dem Englischen von Kyra Stromberg. Mit zahlreichen Abbildungen. st 292

Hesse, Hermann: Kindheit und Jugend vor Neunzehnhundert. Hermann Hesse in Briefen und Lebenszeugnissen. 1. Band: 1877-1895. Ausgewählt und herausgegeben von Ninon Hesse. st 1002

Biographien
in den suhrkamp taschenbüchern

Hesse, Hermann: Kindheit und Jugend vor Neunzehnhundert. Hermann Hesse in Briefen und Lebenszeugnissen. 2. Band: 1895-1900. Herausgegeben von Ninon Hesse. Fortgesetzt und erweitert von Gerhard Kirchhoff. st 1150

Hildesheimer, Wolfgang: Marbot. Eine Biographie. st 1009

Horváth-Chronik. Von Traugott Krischke. stm. st 2089

Huch, Ricarda: Michael Bakunin und die Anarchie. st 1493

Joyce, Stanislaus: Meines Bruders Hüter. Mit einem Vorwort von T.S. Eliot und einer Einführung von Richard Ellmann. Deutsch von Arno Schmidt. st 273

Kaus, Gina: Von Wien nach Hollywood. Erinnerungen von Gina Kaus. Neu herausgegeben und mit einem Nachwort versehen von Sibylle Mulot. st 1757

Kleine, Gisela: Zwischen Welt und Zaubergarten. Ninon und Hermann Hesse: Leben im Dialog. st 1384

Korte, Hermann: Über Norbert Elias. Das Werden eines Menschenwissenschaftlers. st 1558

Horváth. Eine Biographie. st 1537

Kühn, Dieter: Josephine. Aus der öffentlichen Biografie der Josephine Baker. st 587

Lagercrantz, Olof: Strindberg. Aus dem Schwedischen von Angelika Gundlach. st 1086

Lützeler, Paul Michael: Hermann Broch. Eine Biographie. st 1578

Mayer, Hans: Ein Deutscher auf Widerruf. Erinnerungen. Band I. st 1500

– Ein Deutscher auf Widerruf. Erinnerungen. Band II. st 1501

Mitscherlich, Alexander: Ein Leben für die Psychoanalyse. Anmerkungen zu meiner Zeit. st 1010

Muschg, Adolf: Gottfried Keller. st 617

Painter, George D.: Marcel Proust. Eine Biographie. 2 Bde. Deutsch von Christian Enzensberger und Ilse Wodtke. st 561

Payne, Robert: Der große Charlie. Eine Biographie des Clowns von Robert Payne. Deutsch von Jakob Moneta und Werner Koch. Mit einem Nachwort von Werner Koch und 21 Abbildungen. st 1623

Razumovsky, Maria: Marina Zwetajewa. Eine Biographie. st 1570

Robbe-Grillet, Alain: Der wiederkehrende Spiegel. Aus dem Französischen von Andrea Spingler. st 1684

Schur, Max: Sigmund Freud, Leben und Sterben. Aus dem Englischen von Gert Müller. st 778

Biographien
in den suhrkamp taschenbüchern

Semprun, Jorge: Yves Montand: Das Leben geht weiter. Aus dem Französischen von Uli Aumüller. st 1279

Unseld, Siegfried: Begegnungen mit Hermann Hesse. st 218

– Peter Suhrkamp. Zur Biographie eines Verlegers in Daten, Dokumenten und Bildern. Vorgelegt von Siegfried Unseld unter Mitwirkung von Helene Ritzerfeld. st 260

Zeemann, Dorothea: Einübung in Katastrophen. Leben zwischen 1913 und 1945. st 565

– Jungfrau und Reptil. Leben zwischen 1945 und 1972. st 776